水引でつくる
アクセサリーと小物

菊田奈々 結び屋虹園

文化出版局

はじめに

水引といえば、ご祝儀袋に結ばれているひもを
思い浮かべる人が多いのではないでしょうか。

ふだんはあまり目にすることのない水引ですが
日本では古くから縁起物として扱われ
相手を思い、心を込めて贈り物をしてきました。

結び方の一つ一つにも意味があり
その意味を知った私は
日本人の繊細でやさしい心遣いや
豊かな心に触れたように感じ
私にも八百万《やおよろず》に感謝する心が芽生えました。
そして、美しくて粋でお洒落な日本人の心を
今こそもっと伝えていきたいと思うようになりました。

そんな思いを込めて
今回は、水引を身近なものとして使うことができ
ハレの日には、より一層粋に使うことができるような
アクセサリーや小物を作りました。

水引アクセサリーや小物を作ることで
虹を架けるように、今と昔を結びつけることができたら
こんなに嬉しいことはありません。

まっすぐでやさしい心が末永く続いていきますように
結び目に心を込めて。

結び屋虹園　菊田奈々

CONTENTS

P.2 はじめに

P.6 01 あわじ結びのネックレスとブレスレット
HOW TO MAKE ► p.51

P.8 02 あわじ結びのピアス
HOW TO MAKE ► p.52

P.9 03 あわじ結びのコーム
HOW TO MAKE ► p.52

P.10 04 菜の花結びのリング
HOW TO MAKE ► p.53

P.12 05 菜の花結びのイヤリング
HOW TO MAKE ► p.53

P.13 06 菜の花結びのピアス
HOW TO MAKE ► p.54

P.14 07 玉結びのフックピアス
HOW TO MAKE ► p.54

P.15 08 玉結びのダブルリングピアス
HOW TO MAKE ► p.55

P.16 09 玉結びのピアス
HOW TO MAKE ► p.54

P.18 10 玉結びのコーム
HOW TO MAKE ► p.56

P.19 11 玉結びのかんざし
HOW TO MAKE ► p.55

P.20 12 玉結びのバレッタ
HOW TO MAKE ►p.57

P.21 13 梅結びのイヤリング
HOW TO MAKE ►p.58

P.22 14 梅結びのパールイヤリング
HOW TO MAKE ►p.58

P.23 15 梅結びのお椀形ピアス
HOW TO MAKE ►p.58

P.24 16 梅結びのブローチ
HOW TO MAKE ►p.59

P.26 17 梅結びのブレスレット
HOW TO MAKE ►p.59

18 梅結びのリング
HOW TO MAKE ►p.59

P.27 19 梅結びのネックレス
HOW TO MAKE ►p.59

P.28 20 連続あわじ結びのピアス（縦）
HOW TO MAKE ►p.60

P.29 21 連続あわじ結びのピアス（横）
HOW TO MAKE ►p.60

P.30 22 菜の花アレンジのピアス
HOW TO MAKE ►p.60

P.31 23 あわじアレンジのハートのピアス
HOW TO MAKE ►p.66

24 梅アレンジのうさぎのブローチ
HOW TO MAKE ►p.66

25 あわじアレンジのフラミンゴのピンズ
HOW TO MAKE ►p.66

P.32 26 ブックマーカー
HOW TO MAKE ►p.61～65

P.34 27 玉結びのペーパーバッグ
HOW TO MAKE ►p.70

P.35 28 メッセージカード
HOW TO MAKE ►p.71

P.36 29 ぽち袋
HOW TO MAKE ►p.67～69

P.38 基本の材料と道具

P.39 基本のアクセサリーパーツ

P.40 基本の作り方

P.40 覚えておきたいテクニック

P.42 あわじ結び

P.43 菜の花結び

P.44 玉結び

P.45 梅結び

P.46 連続あわじ結び（縦）

P.48 アクセサリーパーツのつけ方

P.49 HOW TO MAKE

01

あわじ結びの
ネックレスとブレスレット

1本の水引で小さなあわじ結びを作り、
ちょこんと石をぶらさげたネックレスとブレスレット。
チェーンの長さをかえるだけでセットアップに。

HOW TO MAKE ▶ p.51

02

あわじ結びのピアス

あわじ結びをお椀型に形成し、小さな石をプラス。
ゴールドやシルバーの水引を使うことで
まるでジュエリーのような輝きを放ちます。

HOW TO MAKE ▸ p.52

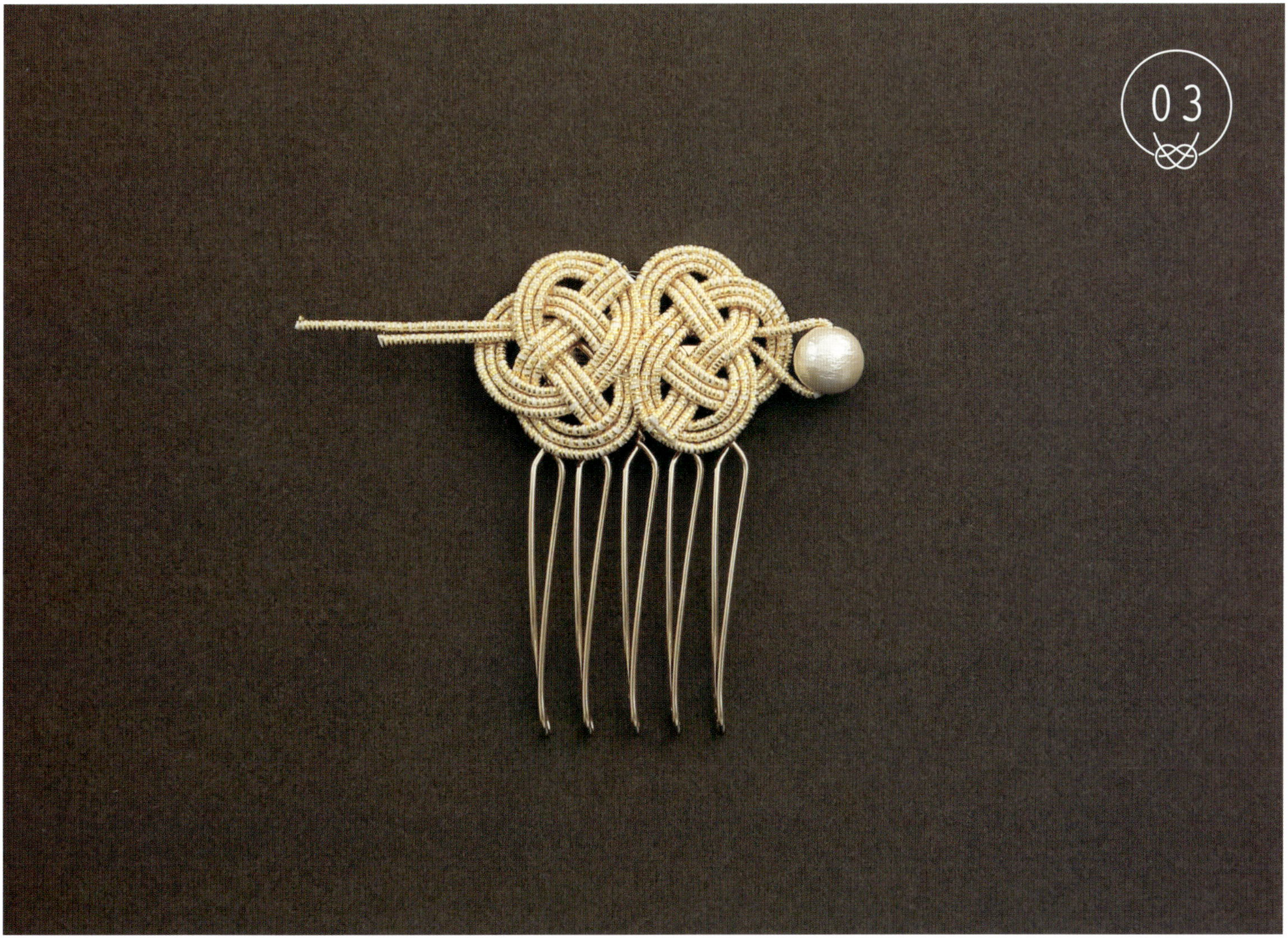

あわじ結びのコーム

水引にパールを通してかんざし状のパーツを作り、
2つのあわじ結びに通したデザイン。
髪を結って、結び目の少し上にさりげなくつけたい。

HOW TO MAKE ▸ p.52

04

菜の花結びのリング

3本どりの菜の花結びをリング台にセット。
水引をすき間なくきっちり丁寧に結ぶことで
美しく凛とした印象に仕上がります。

HOW TO MAKE ▸ p.53

05

菜の花結びのイヤリング

5本の水引でゆるめの菜の花結びを作り、
1枚の花びらを尖らせた和モダンなデザイン。
輪郭線を描く金の水引がアクセントに。

HOW TO MAKE ▸ p.53

06

菜の花結びのピアス

３本、４本、５本の水引を使い、
大小の菜の花結びを縦に並べたピアス。
動くたびにゆらゆら揺れて、耳もとを華やかに。

HOW TO MAKE ▸ p.54

07

玉結びのフックピアス

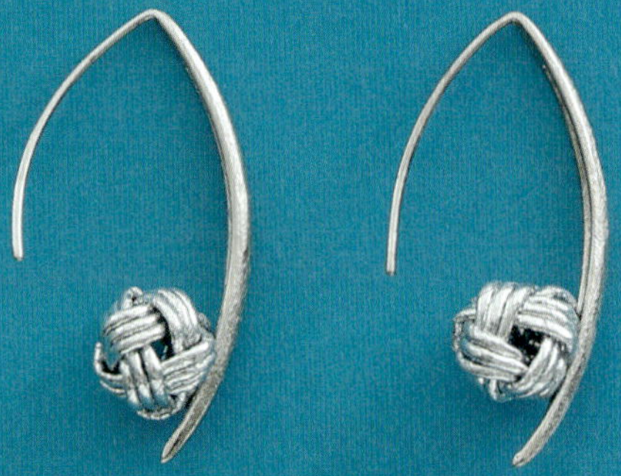

ピアス金具と同系色の玉結びをつけたピアス。
シャープな印象のフックピアスも
玉結びの曲線と相まって、やさしい表情に。

HOW TO MAKE ▸ p.54

08

玉結びのダブルリングピアス

デザイン丸カンと玉結びを組み合わせたピアス。
ふだん使いからプチフォーマルまで
さまざまなシーンで重宝するデザインです。

HOW TO MAKE ▸ p.55

09

玉結びのピアス

ころんとした小さな玉結びに
ピアス金具をつけたシンプルなデザイン。
古典的な結びもビビッドカラーなら新鮮。

HOW TO MAKE ▸ p.54

10

玉結びのコーム

シンプルに玉結びだけを並べたコームと
玉結びとコットンパールを交互に並べたコーム。
どちらもまとめ髪につけるだけで上品な雰囲気に。

HOW TO MAKE ▸ p.56

11

玉結びのかんざし

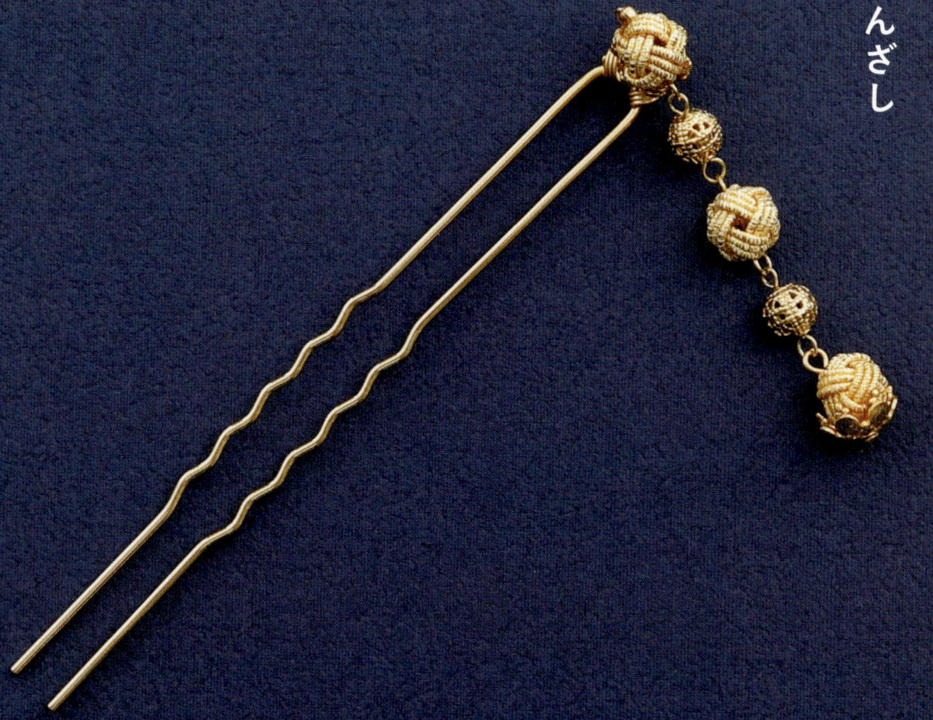

ハレの日を華やかに演出してくれる、
玉結びと透かしビーズを交互につないだかんざし。
浴衣に合わせてもかわいいデザインです。

HOW TO MAKE ▸ p.55

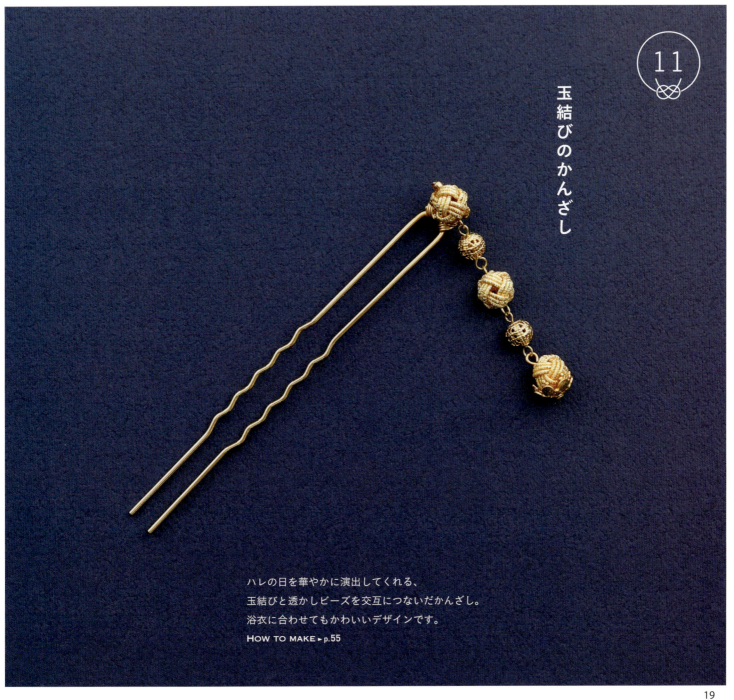

玉結びのバレッタ

12

玉結びにアクリルビーズやロンデルを合わせて
華やかながらも落ち着きのあるデザインに。
髪を留めるだけでなく、アクセントに使ってみては。

HOW TO MAKE ▸ p.57

13

梅結びのイヤリング

3本の水引ですき間なくきっちり梅結びを作り、
下半分にメタルビーズを沿わせたイヤリング。
洗練されたデザインが耳もとを大人っぽく彩ります。

HOW TO MAKE ▸ p.58

14

梅結びのパールイヤリング

コットンパールをお椀形の梅結びで包んだイヤリング。
華やかなゴールドの梅結びに、上品なコットンパールを
合わせることで落ち着いた佇まいに。

HOW TO MAKE ▸ p.58

15

梅結びのお椀形ピアス

3本どりの梅結びをお椀形に形成し、
樹脂粘土を詰めてピアス金具をセッティング。
半球状なので、玉結びより耳にフィットします。

HOW TO MAKE ▸ p.58

16

梅結びのブローチ

梅結びの美しさを最大限に生かしたブローチ。
色違いの梅結びをたくさん作って
重ねづけでカラーリングを楽しみたい。

HOW TO MAKE ► p.59

梅結びのブレスレット

2本の水引を使った梅結びのブレスレット。
梅結びをミール皿より少し大きめに作り、
中心をくぼませてからのせるときれいに仕上がります。

HOW TO MAKE ► p.59

梅結びのリング

梅結びをちょこんとのせたリング。
シンプルだけど、さりげなく目立つデザインに。
つけるだけで、しぐさまで上品になりそう。

HOW TO MAKE ► p.59

19

梅結びのネックレス

4つの梅結びを華奢なチェーンでつないだネックレス。
軽くて首への負担がほとんどなく
素肌につけても、服の上からつけても素敵です。

HOW TO MAKE ▸ p.59

20

連続あわじ結びのピアス（縦）

2本の水引をきっちり固めに引き締めながら
縦方向にあわじ結びをくり返すことで
くるんと丸まったフォルムのピアスに。

HOW TO MAKE ▸ p.60

21

連続あわじ結びのピアス（横）

1 本の水引を横方向の連続あわじ結びで
プレート状のパーツに仕上げたピアス。
どことなくオリエンタルな雰囲気に。

HOW TO MAKE ▸ p.60

22

菜の花アレンジのピアス

3本の水引を使った菜の花結びをベースに
引き締め方でアレンジを加えたピアス。
大ぶりのピアスも水引なら驚くほど軽い仕上がり。

HOW TO MAKE ▸ p.60

あわじアレンジのハートのピアス

あわじ結びを３つ重ねてハートのピアスに。
下になる部分をピンセットで尖らせることで
きれいなハート形に仕上がります。

HOW TO MAKE ▸ p.66

梅アレンジのうさぎのブローチ

３本の水引を使った梅結びを顔に見立て、
大きな耳をつけたうさぎのブローチ。
鼻に見立てた小さなあわじ結びがかわいい。

HOW TO MAKE ▸ p.66

あわじアレンジのフラミンゴのピンズ

あわじ結びをアレンジしたフラミンゴのピンズ。
ネオンピンクの水引を使うことで
大人かわいいイメージに仕上がります。

HOW TO MAKE ▸ p.66

26

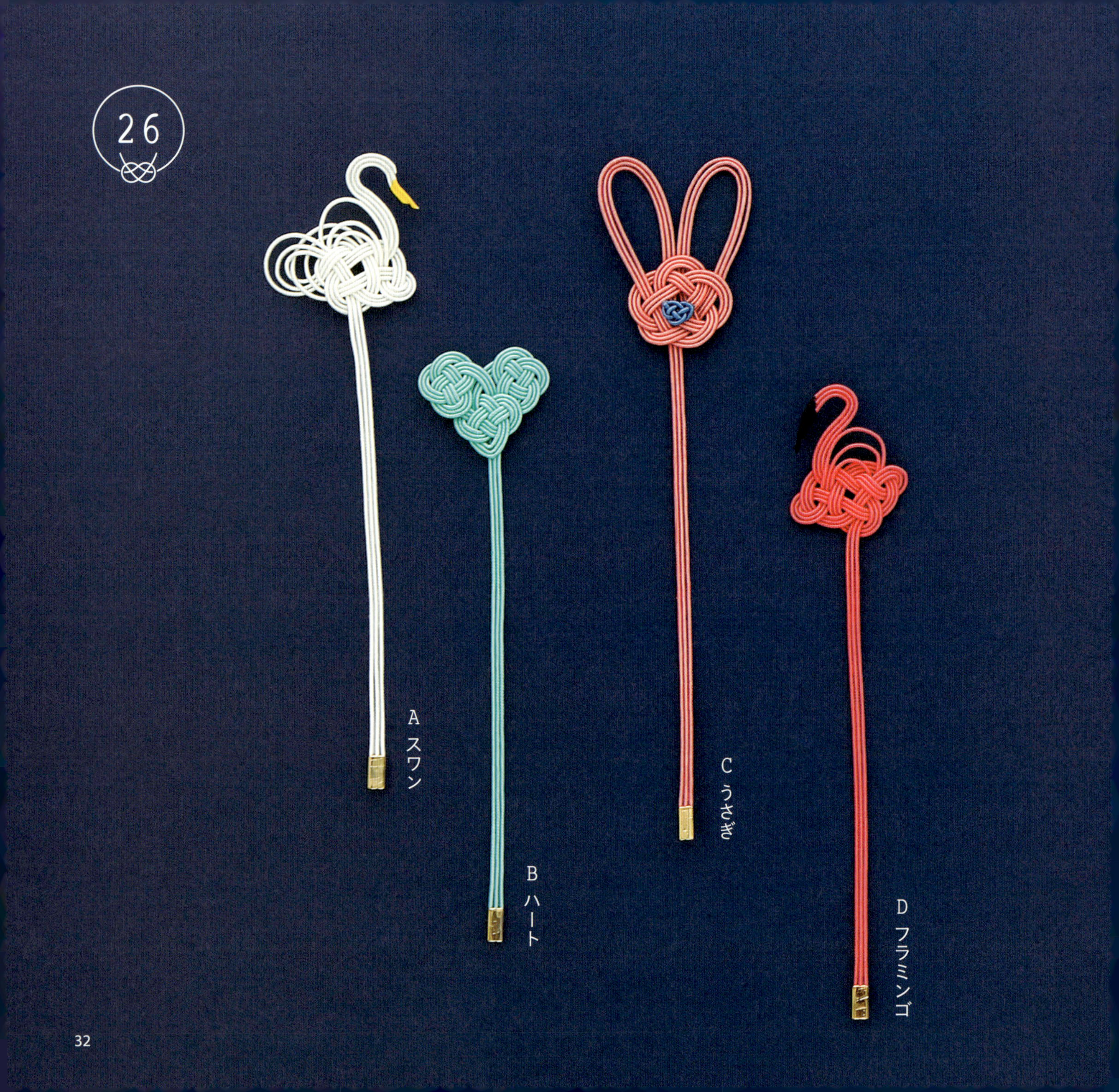

A スワン

B ハート

C うさぎ

D フラミンゴ

ブックマーカー

古典的な結びをモダンにアレンジしたブックマーカー。
お気に入りの本といっしょに持ち歩きたい。
本にはさむ部分をカットしてアクセサリーにすることも。

HOW TO MAKE ▸ p.61〜65

E 鶴

27

玉結びのペーパーバッグ

市販のペーパーバッグの持ち手を取り外し、
玉結びの持ち手をつけて素敵に格上げ。
持ち手のない紙袋に目打ちで穴をあけても OK ！

HOW TO MAKE ▸ p.70

メッセージカード

A 松

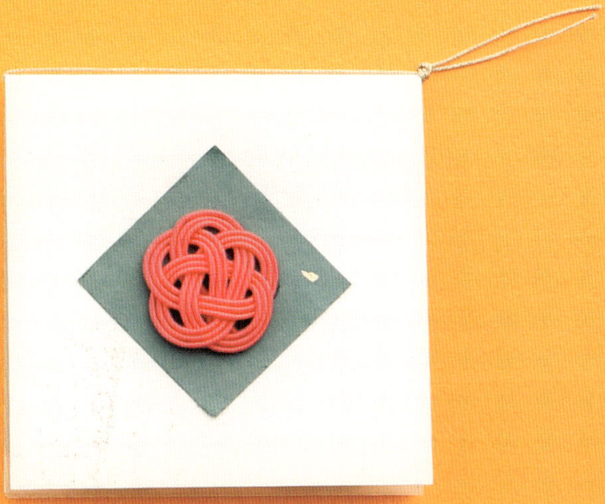

C 梅

B 鶴

松、梅、鶴の水引結びを貼ったメッセージカード。
市販のカードや無地の和紙に貼るだけでも
縁起の良い水引メッセージカードに早変わり！

HOW TO MAKE ▸ p.71

28

29

ぽち袋

感謝やお祝いの気持ちを包むのにぴったりのぽち袋。
水引だけでなく、心を込めてぽち袋から手作りすれば
気持ちがより一層伝わります。

HOW TO MAKE ▸ p.67〜69

A 富士山　　B 鶴

C　ハート

D　玉結び

E　抱きあわじ

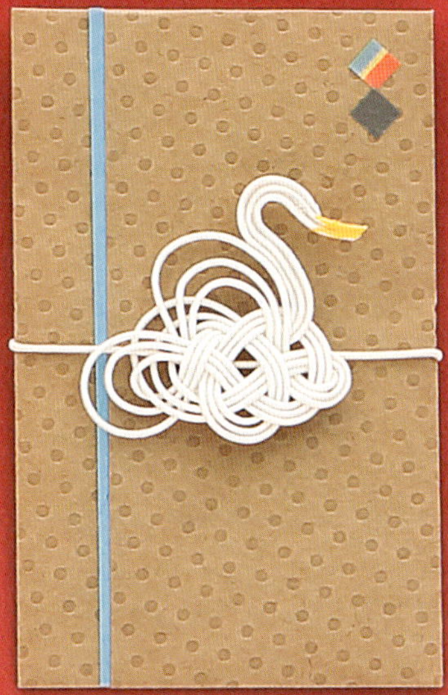

F　スワン

G　フラミンゴ

基本の材料と道具

水引を使ったアクセサリーや小物を作るのに必要な材料と道具をご紹介。
アクセサリーパーツのつけ方はp.48、p.51～66で説明しています。

水引

水引とは、贈答品に掛ける紙ひものこと。色鮮やかな花水引、キラキラしたプラチナ水引、金属のような特光水引など、さまざまな種類の水引があります。発色、質感、硬さなど、種類によって異なりますが、作りたい作品のイメージに合わせて選びましょう。

はさみ

水引やテグスをカットするときに使用。水引を切りそろえるときは、よく切れるはさみがあると便利です。

目打ち

すき間を広げて水引を通しやすくしたり、結び目を整えたり、指先ではむずかしい細かい作業のときに使用。

ピンセット

水引の結び目を整えたり、花びらを尖らせたりするときに使用。水引を通しやすく調整するときにも使います。

定規

水引やワイヤーの長さを測るときに使用します。結び目を指定の大きさに作る場合にも必要です。

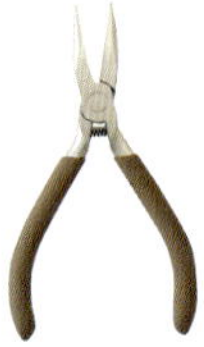

ペンチ

ワイヤーを巻いたり、丸かんやTピンなどのアクセサリーパーツをつけたりするときに使用します。

丸ペンチ

Tピン、9ピンの先を丸めるのに使用。ペンチの先端が丸くて細いので、細かい作業に向いています。

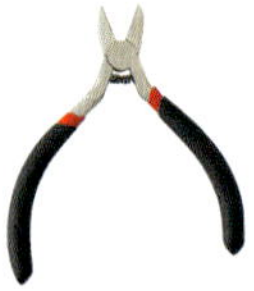

ニッパー

ワイヤーやTピンなどをカットするときに使用します。先端が鋭角なものが、細かい作業に適しています。

アクセサリーワイヤー

真鍮素材の細いワイヤー。水引を束ねて固定したり、水引とアクセサリーパーツをつないだりするときに使用。

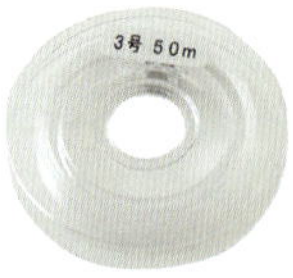

テグス

本書で使用するのはナイロン製の透明なテグス。水引とアクセサリーパーツをつなぐときに使用します。

木工用接着剤

布用または木工用のボンド。水引の結び終わりがバラバラにならないように始末するときに使用します。

多用途接着剤

金具やビーズを接着するのに適した専用ボンド。水引とアクセサリーパーツをつけるときに使用します。

爪楊枝

接着剤を塗るときに使用。爪楊枝を使うことで、水引と水引のすき間を埋めるように薄く塗ることができます。

クリップ

水引の結び目がずれないように固定したり、ボンドを塗ったところが乾くまで固定したりするのに使用します。

樹脂粘土

お椀形の梅結びにピアス金具をつけるときに使用。水引の色に合わせて、アクリル絵の具で着色もできます。

基本のアクセサリーパーツ

丸カン

9ピン・Tピン

ヒキワ

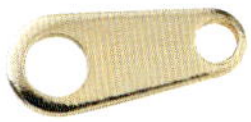
板ダルマ

ツメつき留め金具

カシメ

ネジバネ式
ピアス金具

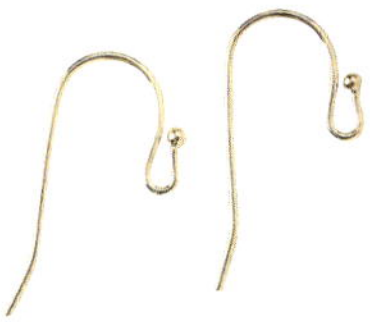
U字ピアス金具

芯つきピアス金具

カンつきピアス金具

芯つき
フックピアス金具

丸皿つきピンズ金具

バレッタ金具

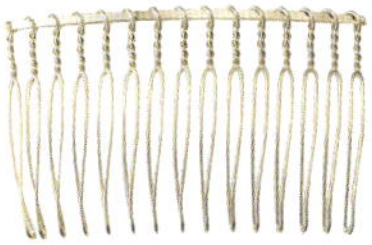
コーム

カンつきかんざし

ブローチ金具

丸皿リング金具

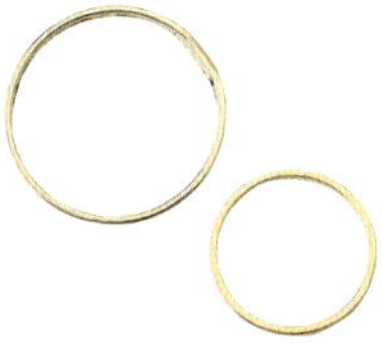
デザイン丸カン

カンつきミール皿

花座

ロンデル
（平らなリング型のビーズ）

チェーン

コットンパール

ビーズ類

基本の作り方

水引を結ぶ工程も、ちょっとしたテクニックで仕上がりに差が出ます。
まずは、水引に触れながら、準備をしていきましょう。

覚えておきたいテクニック

水引をしごく

作り始める前にしごくことで、水引がなめらかになり、美しい曲線が作れます。水引の本数が多いときは、しごきながら結ぶときれいに仕上がります。

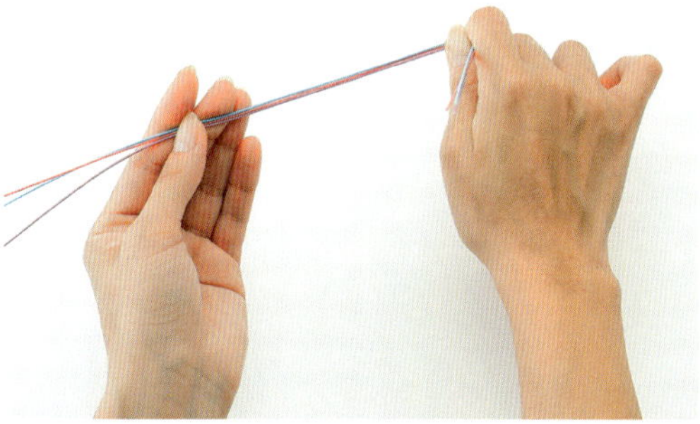

1 親指の腹を使ってゆっくり引っ張り、水引をしごきます。

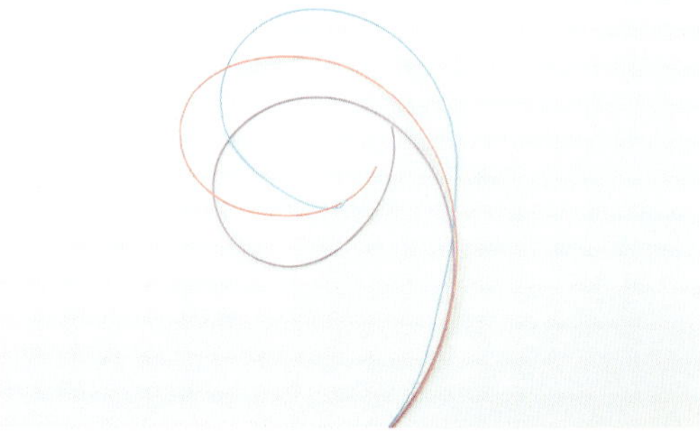

2 自然な丸みが出て結びやすくなります。

モチーフの大きさを調整する

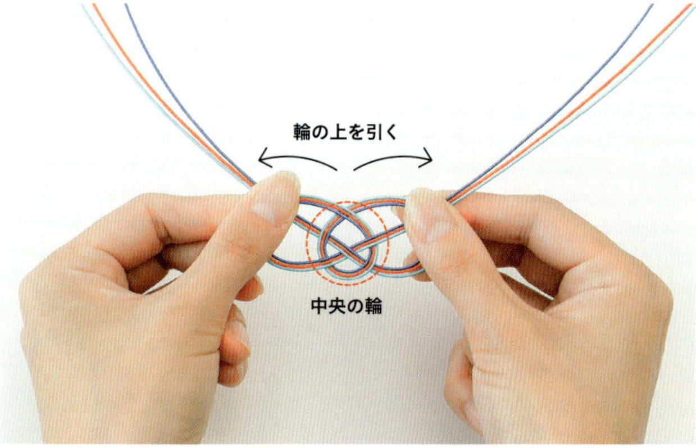

1 左右の輪の上を引っ張り、中央の輪を小さくします。

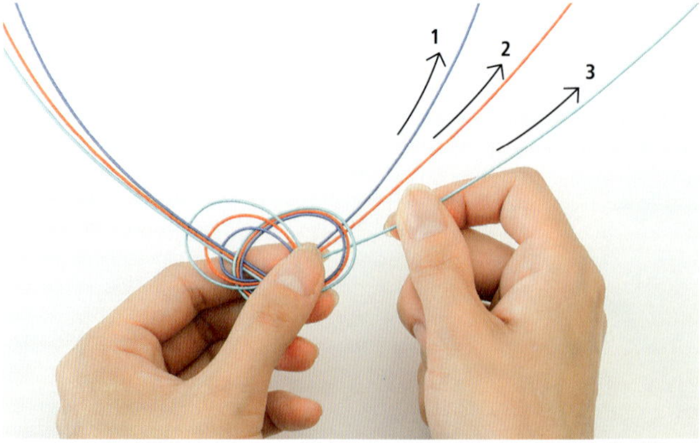

2 中央の輪を指でおさえ、1～3の順に1本ずつ水引を引っ張って全体の形を整えます。

ワイヤーで水引を固定する

結び終わりがバラバラになりやすい場合は、水引を1つに束ねてワイヤーで固定すると、きれいに仕上がります。

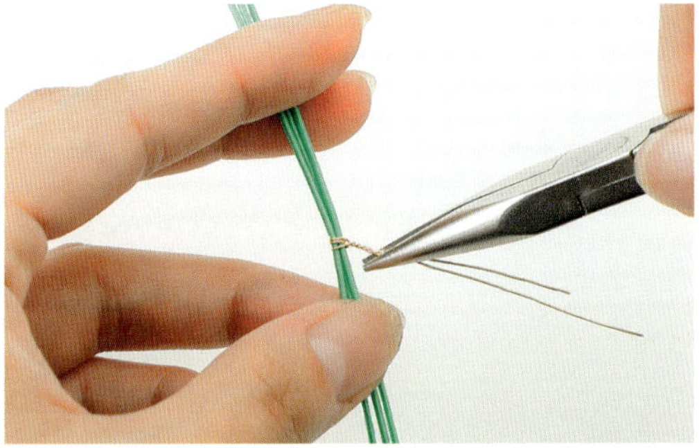

1 水引を1つに束ねてワイヤーを2周巻き、すき間ができないようにペンチでねじって固定します。

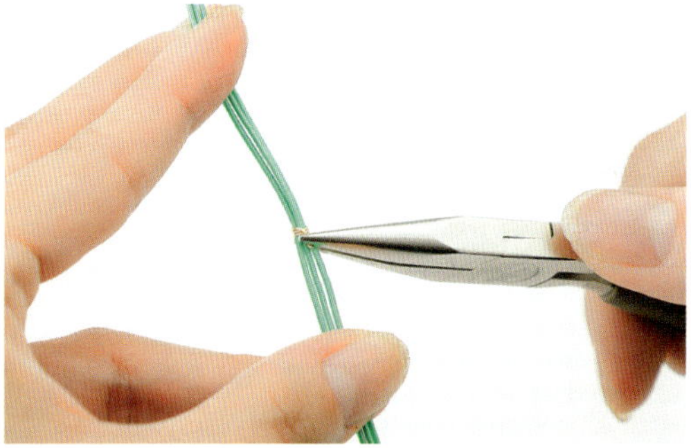

2 ワイヤーを2㎜くらい残してニッパーでカットし、ワイヤーの端をペンチで折ってつぶします。

接着剤を塗る

水引の裏側に接着剤を塗り、水引と水引の間の溝を埋めるように、爪楊枝で薄くのばします。

クリップで固定する

接着剤が乾くまでクリップで固定します。作業中、水引が交差する部分を仮留めするときにも使います。

あわじ結び

水引の結び方の中で、最もよく使われる基本の結び方。
本書の作品のほとんどが、あわじ結びからスタートします。

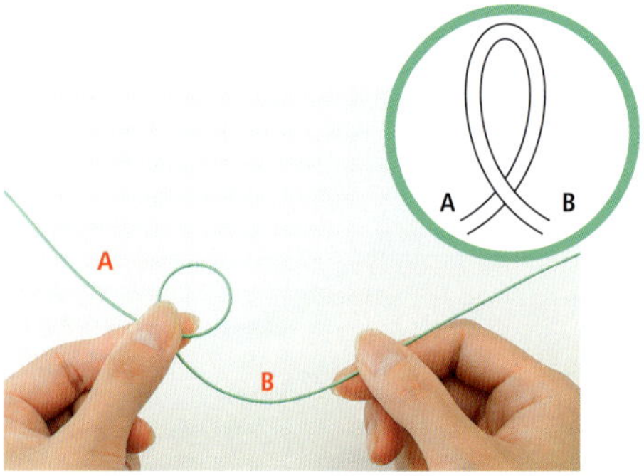

1 Bが上にくるようにしずく形の輪を作り、交差した部分を指でおさえます。

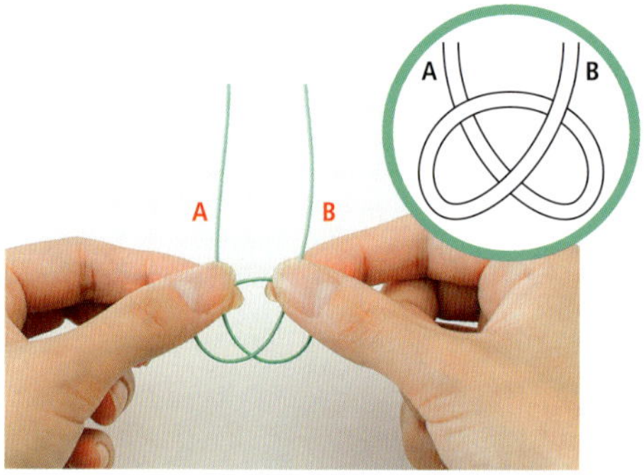

2 Bでもう1つ輪を作り、**1**で作った輪の上に重ねます。

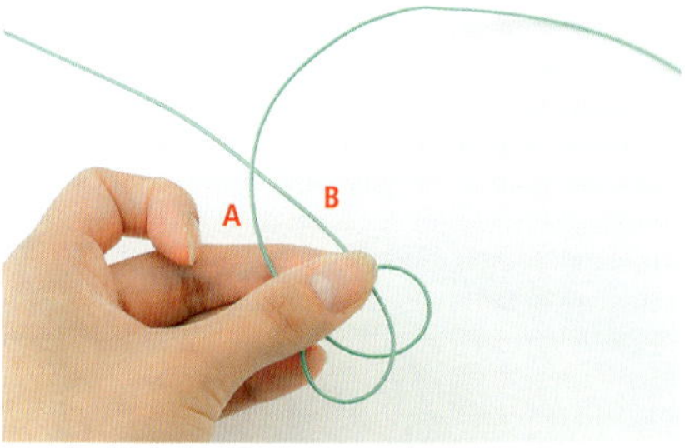

3 左手で持って、右手を離します。

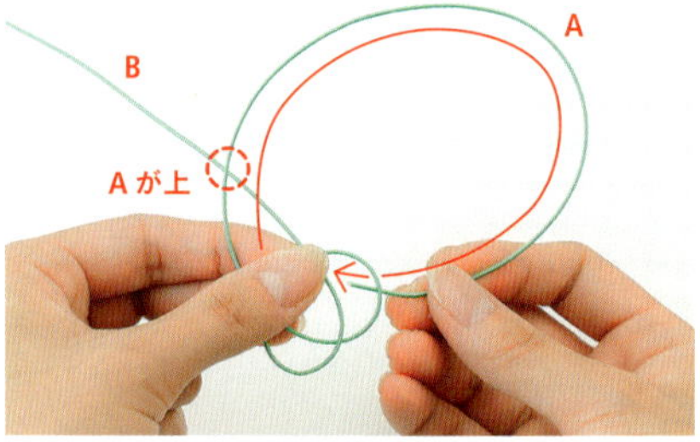

4 AをBの上に重ね、矢印の方向に回して**1**で作った輪に下から通します。

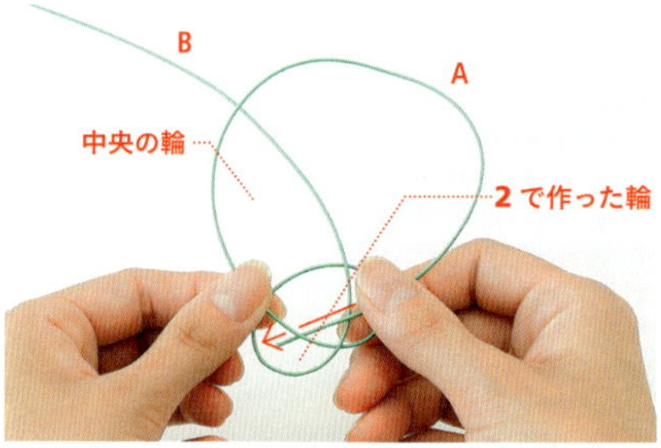

5 続けて中央の輪に上から通し、**2**で作った輪に下から通します。

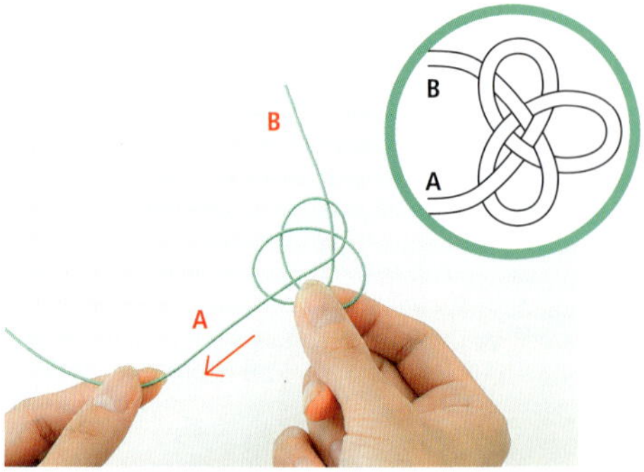

6 Aを引っ張ります。

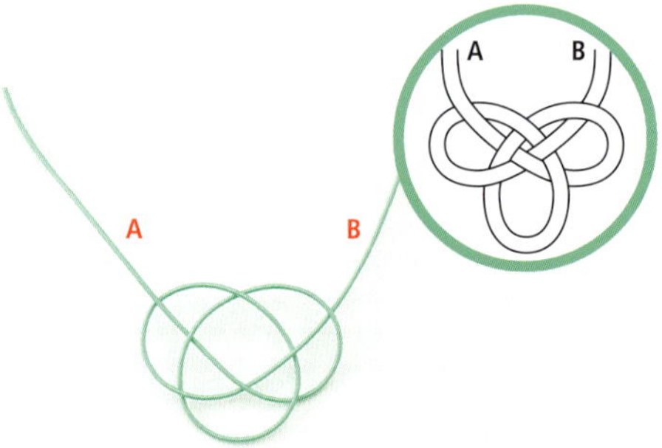

7 Bを引き締めて3つの輪を整えます。

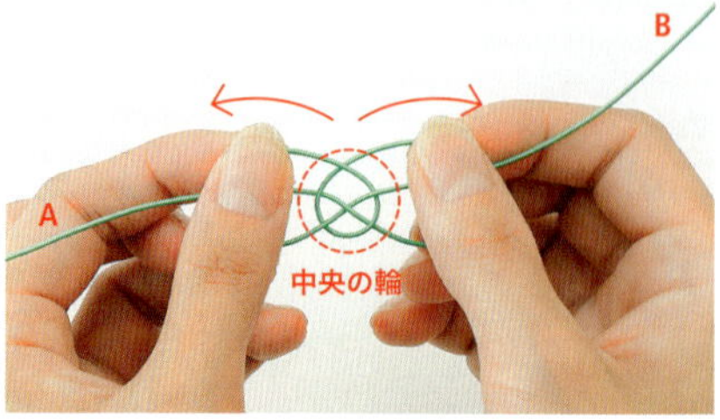

8 左右の輪の上を引っ張り、中央の輪を小さくします。

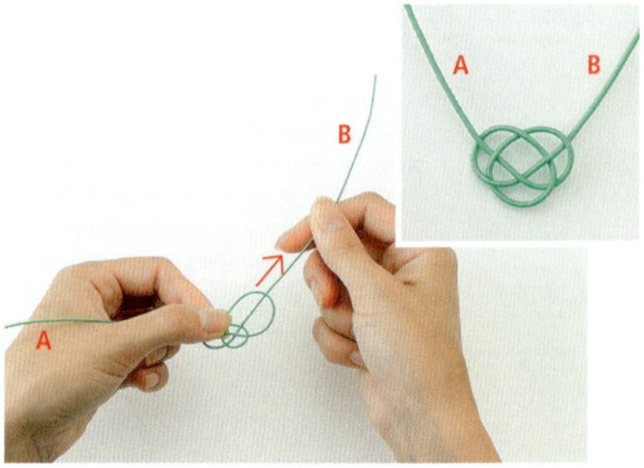

9 中央の輪を指でおさえ、AとBを1本ずつ引っ張って全体の形を整えます。

お椀形にする場合

1　2本どりの水引であわじ結びを作ります。

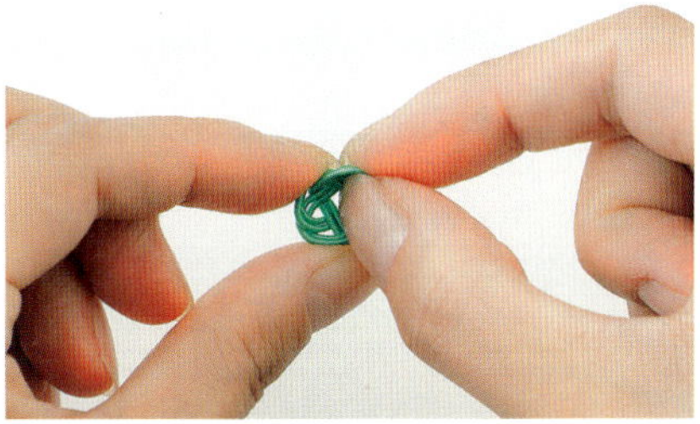

2　指であわじ結びのまわりを立ち上げて、中央をくぼませます。

3　お椀形に整えたところ。

菜の花結び

十字に並んだ4枚の花びらが特徴の菜の花結び。
p.60では、菜の花結びを応用したピアスも紹介しています。

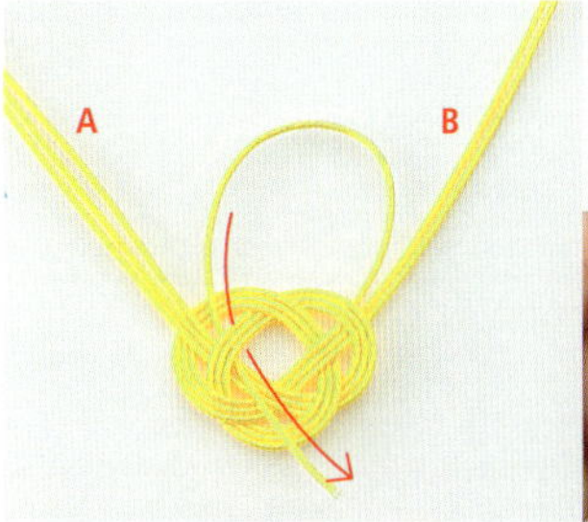

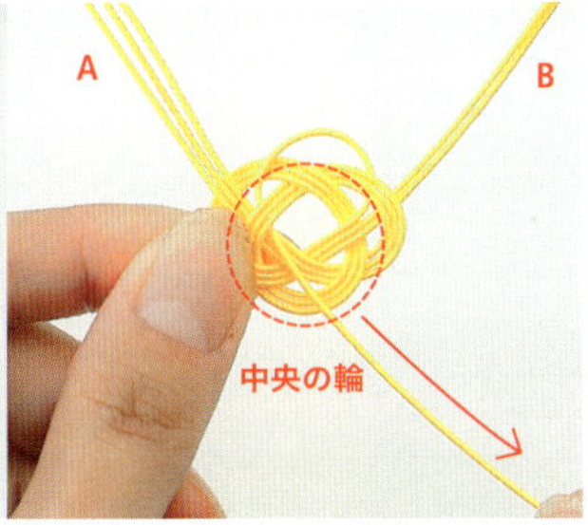

1　3本どりの水引であわじ結びを作ります。Bの内側の1本を左の輪に上から通し、中央の輪に下から通します。

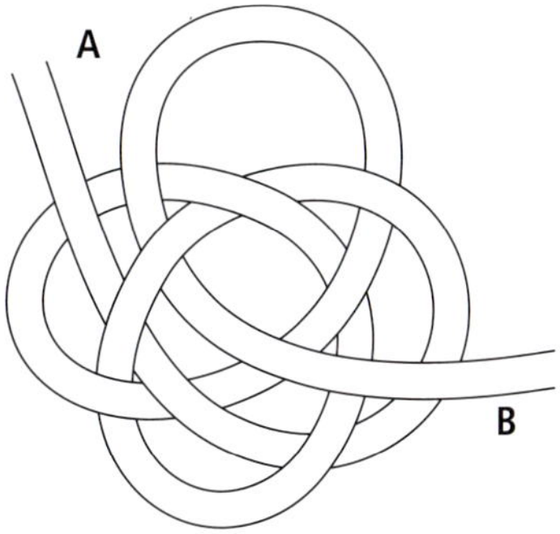

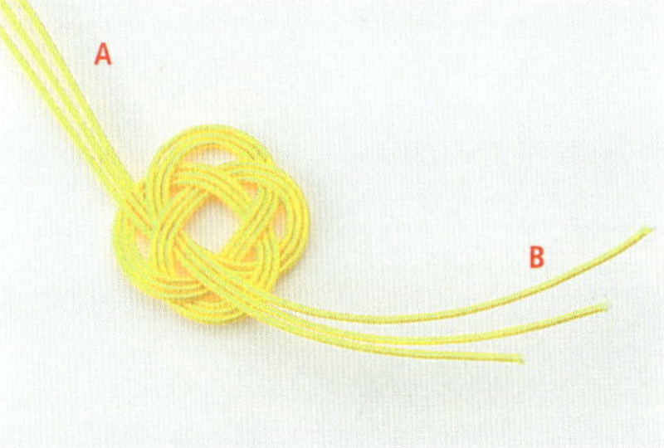

2　続けてBを内側から1本ずつとり、**1**と同様に通します。Bを内側から1本ずつ引っ張り、4つの輪が同じ大きさになるように整えます。

花びらを尖らせる場合

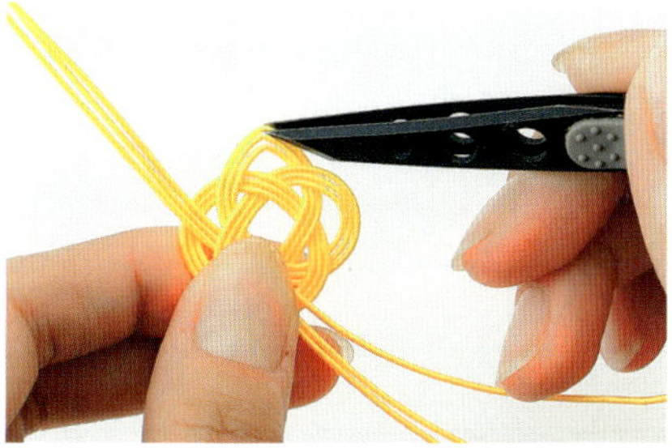

1　花びらの先端をピンセットでつまみます。

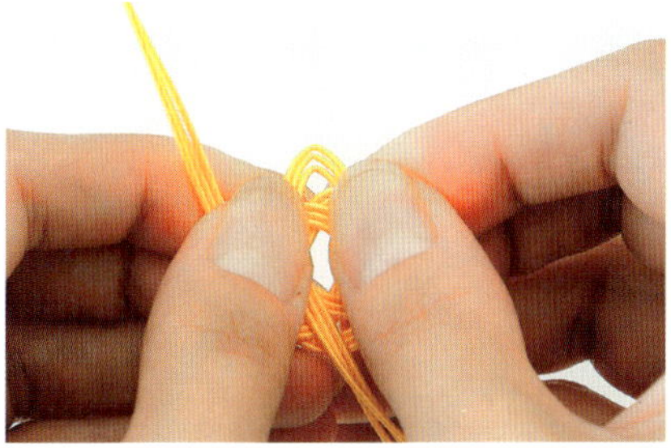

2　花びらの左右を中央に寄せて尖らせます。

3　花びらを尖らせたところ。

玉結び

小さなあわじ結びを作ってから、ボール状に結っていく玉結び。
1本の水引を丸く立体的に仕上げていく楽しみがあります。

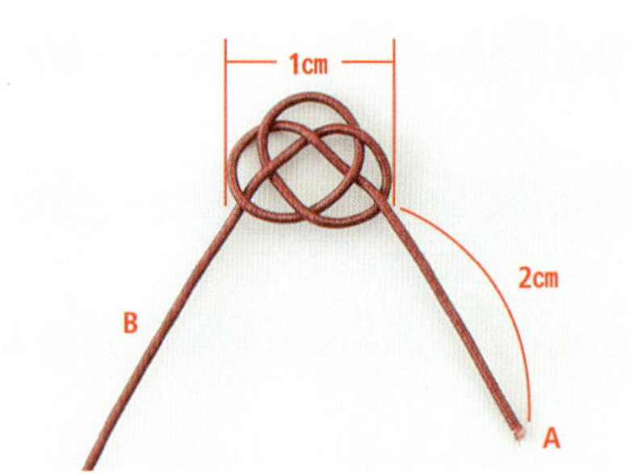

1 水引1本で1cmくらいのあわじ結びを作り、上下を逆さにします。Aを2cmくらい残してカットします。

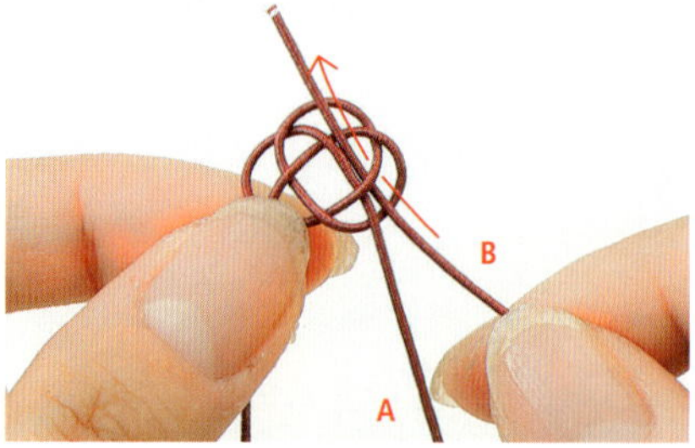

2 Bを右の輪の上から通し、中央の輪に下から通してAの右側に沿わせます。

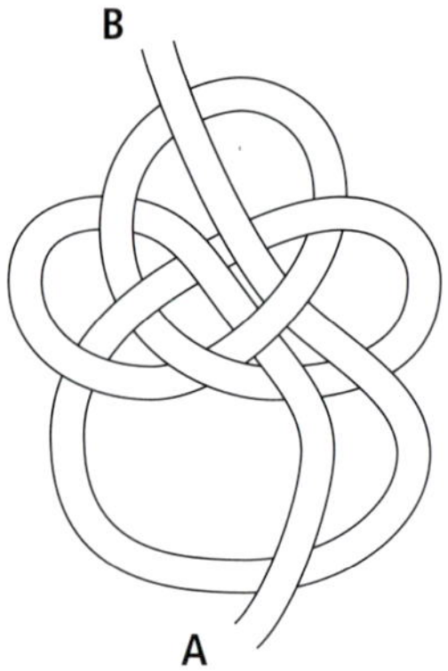

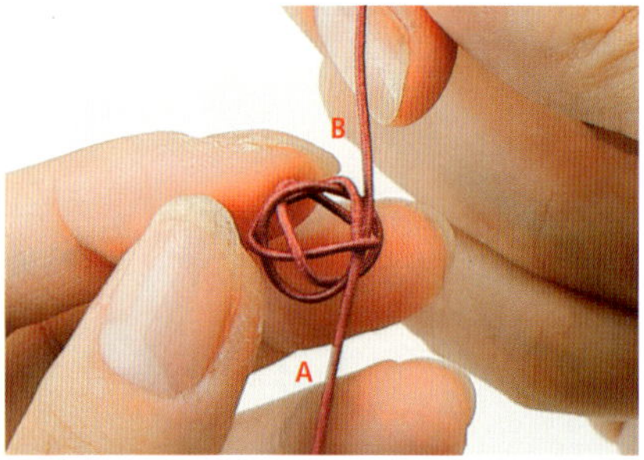

3 Bをひっぱり、裏から指で押して丸く形を整えます。

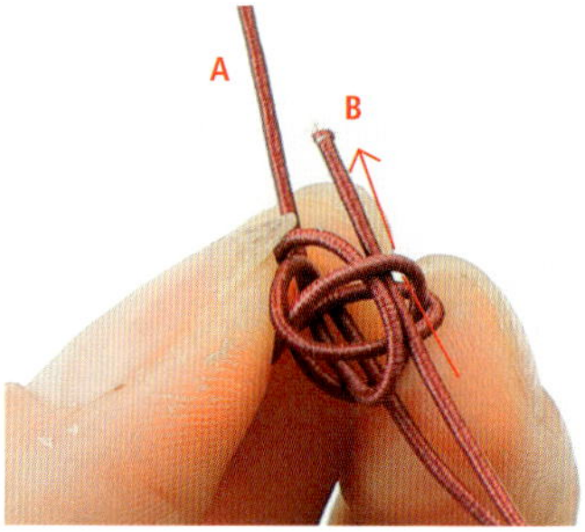

4 Bを1周目の右側に沿わせて通していきます。

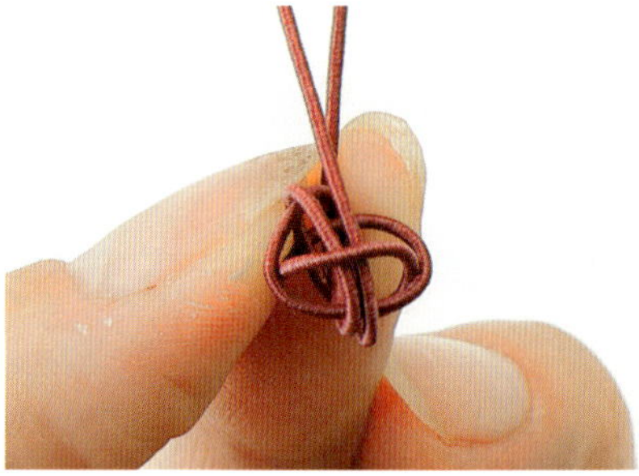

5 Bを1周目に沿わせたところ。

6 続けて全体に2周通していきます。

7 続けて2周目に沿わせて全体に3周通していきます。

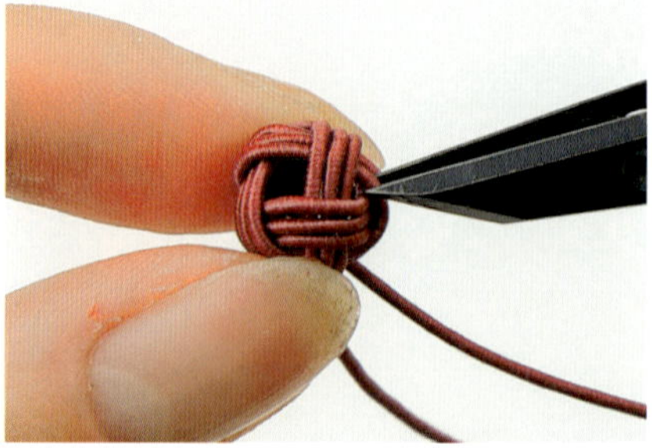

8 ピンセットでつまんで形を整えます。結び目がつまっている場合は、目打ちで形を整えます。

梅結び

菜の花が４枚の花びらなのに対し、梅は５枚の花びらが特徴。
応用範囲が広いので、慣れてきたら本数を増やしてみましょう。

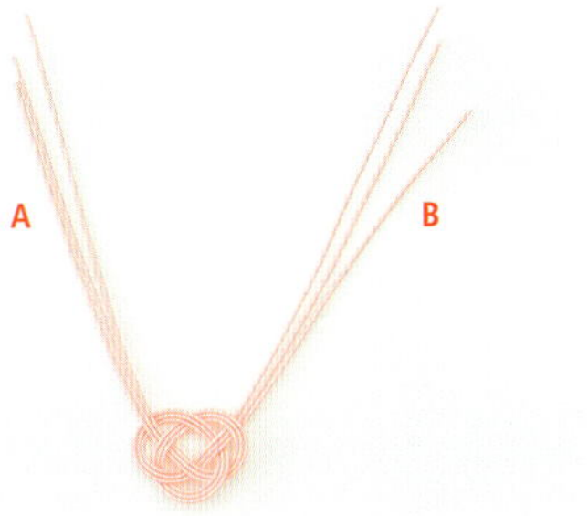

1 ３本どりの水引であわじ結びを作ります。

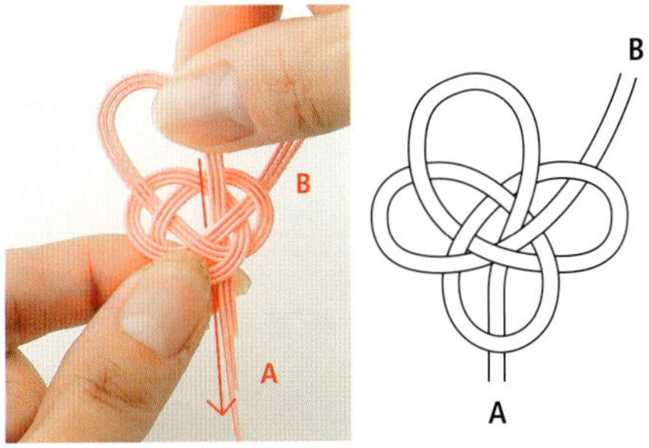

2 Ａを中央の輪に上から通します。

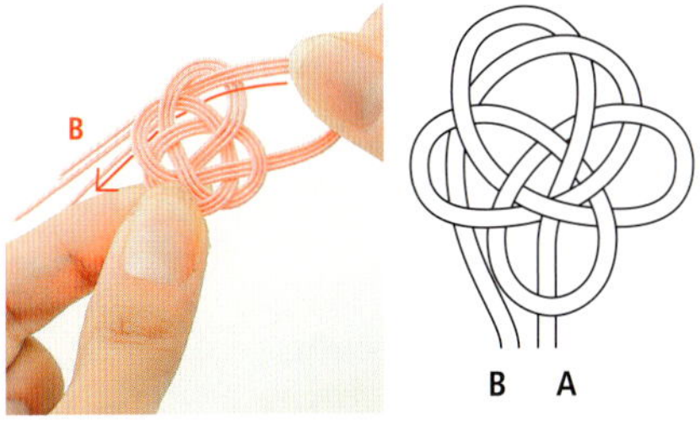

3 2でできた輪にＢを上から通します。

4 ＡとＢを内側から１本ずつ引っ張り、５つの輪が同じ大きさになるように整えます。

5 結び始めと結び終わりの重なる部分に接着剤を塗り、水引と水引の間の溝を埋めるように爪楊枝で薄くのばします。

6 結び始めと結び終わりを重ね、接着剤が乾くまでクリップで固定します。

お椀形にする場合

1 ３本どりの水引で梅結びを作ります。

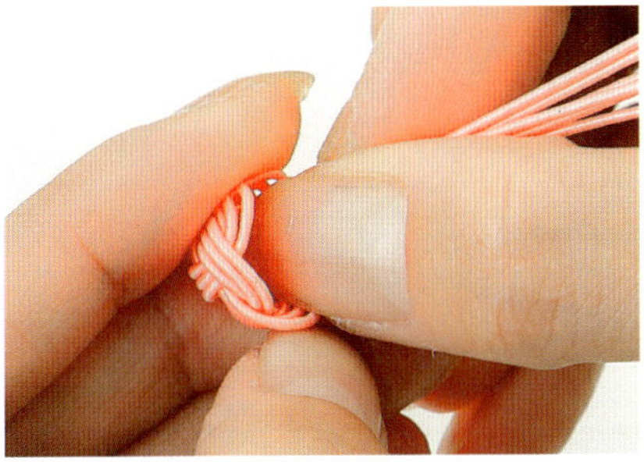

2 指で梅結びのまわりを立ち上げて、中央をくぼませます。

3 お椀形に整えたところ。

連続あわじ結び（縦）

あわじ結びをくり返し、縦にあわじ結びが並ぶ結び方に。
p.49 では、横にあわじ結びが並ぶ結び方を紹介しています。

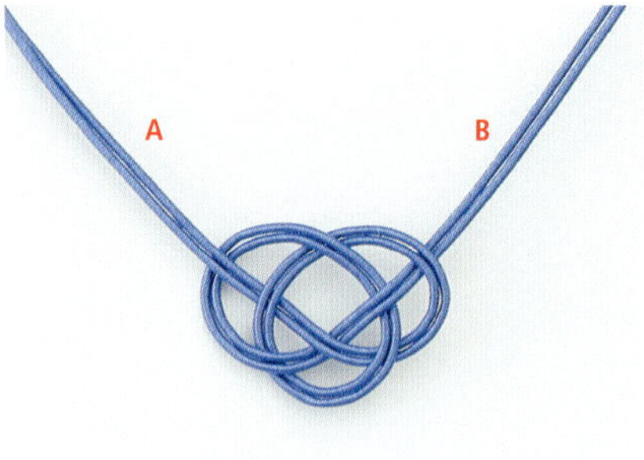

1 2 本どりの水引であわじ結びを作ります。

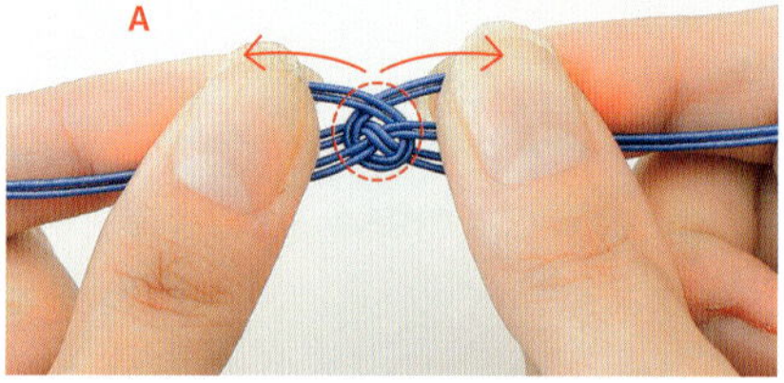

2 左右の輪の上を引っ張り、中央の輪を小さくします。

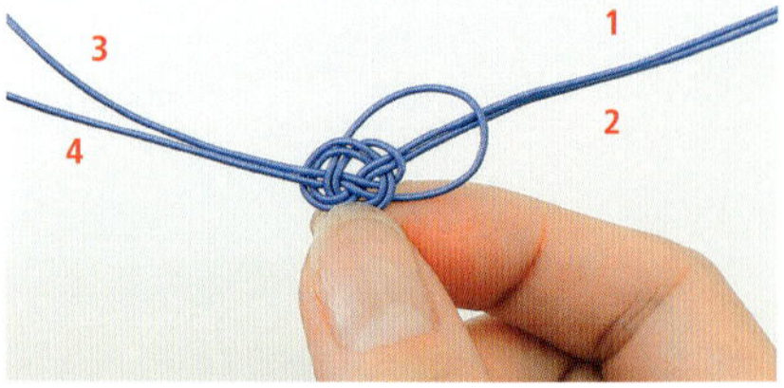

3 中央の輪を指でおさえ、1 ～ 4 の順に 1 本ずつ水引を引っ張って全体の形を整えます。

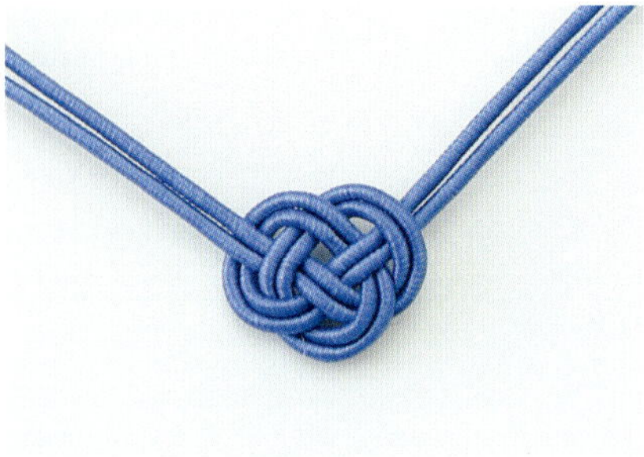

4 小さなあわじ結びができたところ。

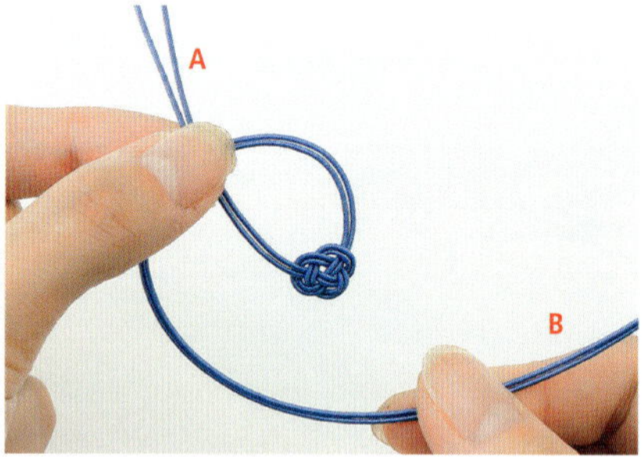

5 B が上にくるようにしずく形の輪を作り、交差した部分を指でおさえます。

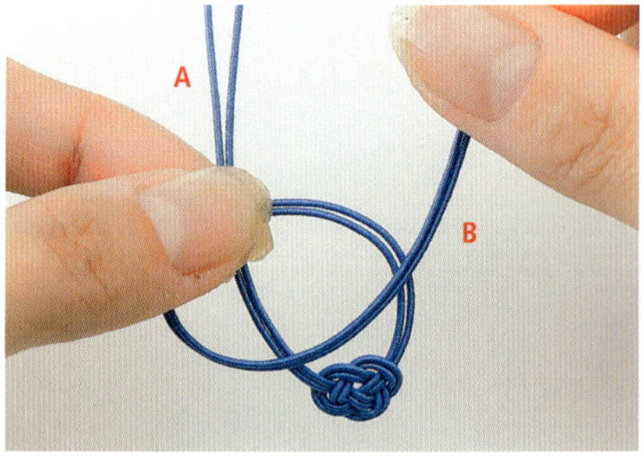

6 B でもう 1 つ輪を作り、**5** で作った輪の上に重ねます。

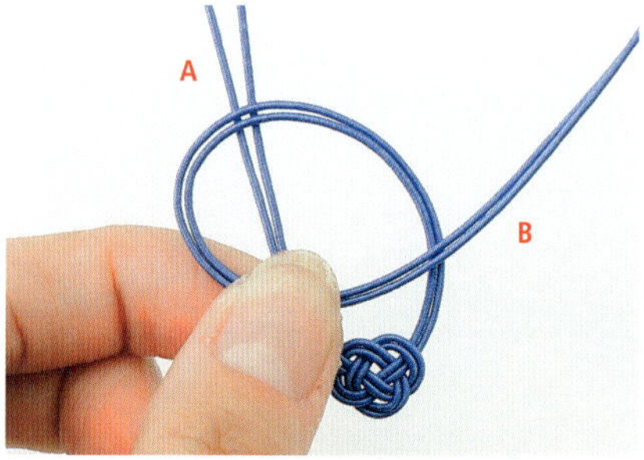

7 左手で持って、右手を離します。

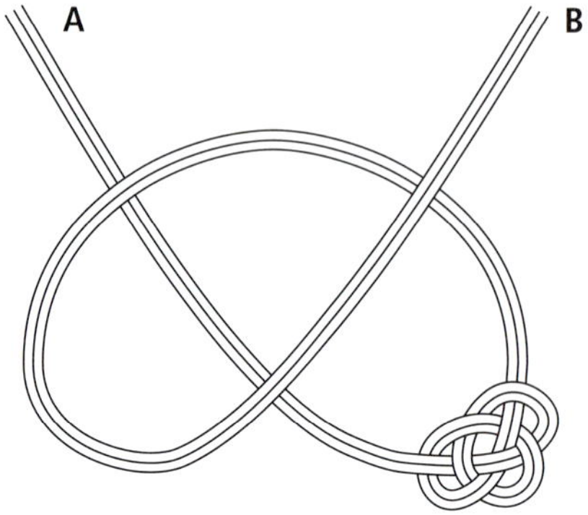

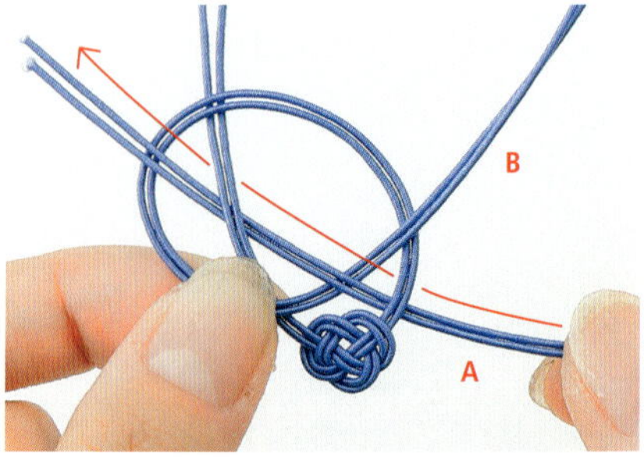

8 A を B の上に重ね、**5** で作った輪に下から通します。続けて中央の輪に上から通し、**6** で作った輪に下から通します。

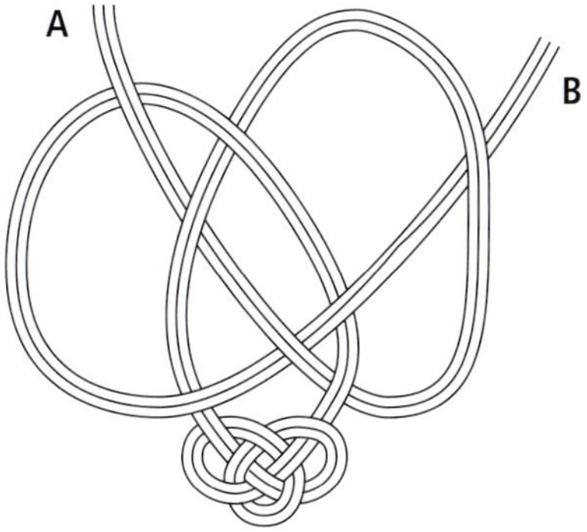

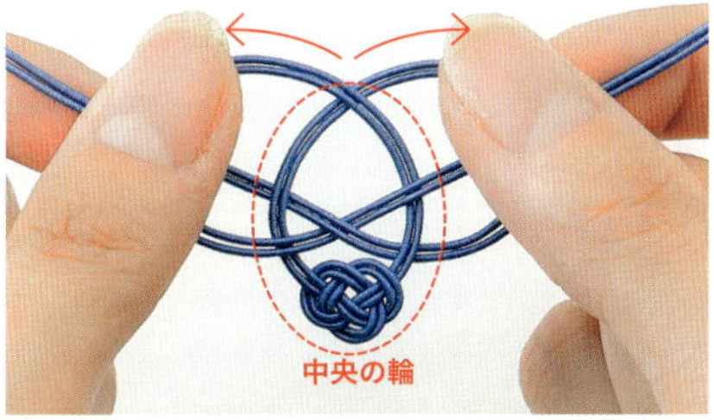

9 左右の輪の上を引っ張り、中央の輪を小さくします。

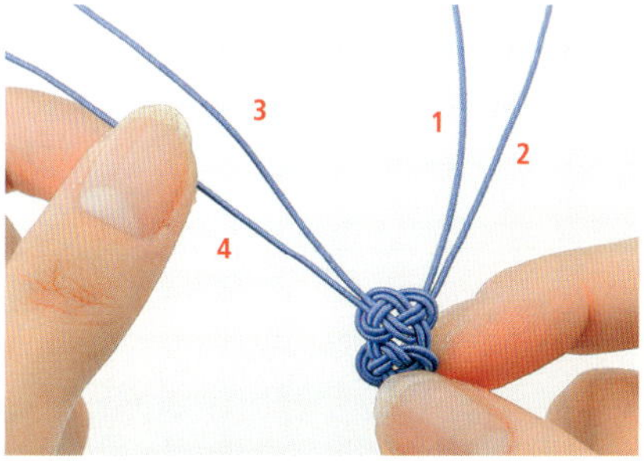

10 中央の輪を指でおさえ、**1**～**4** の順に 1 本ずつ水引を引っ張って全体の形を整えます。

11 続けて **5**～**10** を 5 回くり返します。合計 7 個のあわじ結びができます。

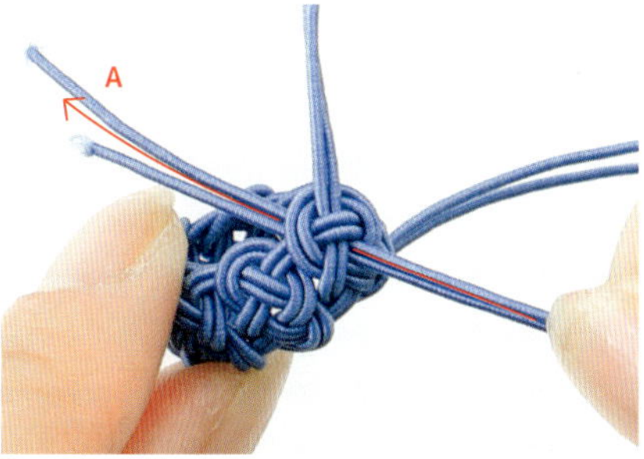

12 A を中央の輪に上から通します（p.45 梅結びの **2** 参照）。

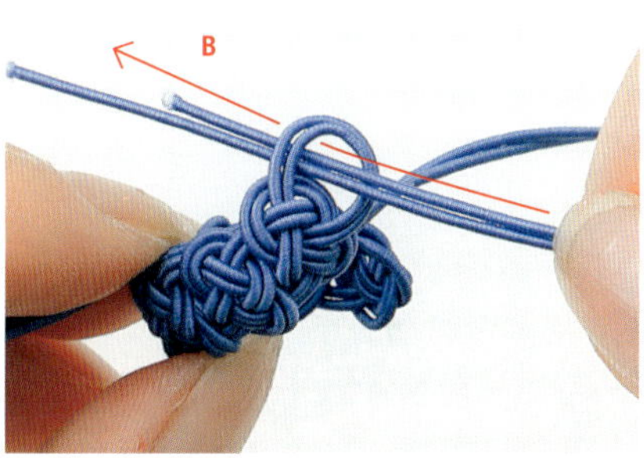

13 **2** で作った輪に B を上から通します（p.45 梅結びの **3** 参照）。

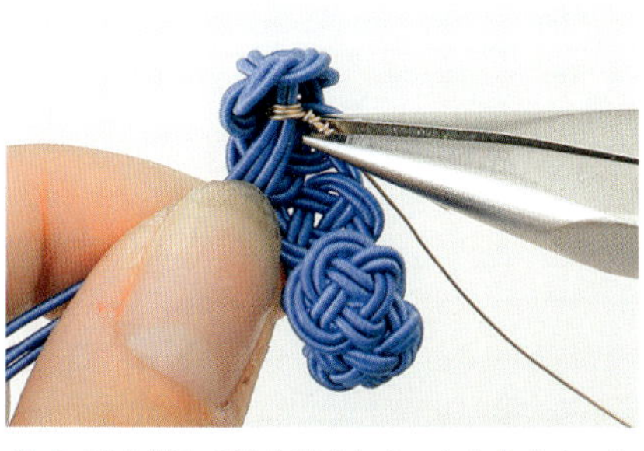

14 引き締めて形を整えたら、A と B を 1 つに束ねてワイヤーを 2 周巻き、すき間ができないようにペンチでねじって固定します。

15 ワイヤーを 2㎜くらい残してニッパーでカットし、ワイヤーの端をペンチで折ってつぶします。

16 余分な水引をはさみでカットします。

アクセサリーパーツのつけ方

アクセサリーパーツをつけるときに役立つテクニックを紹介します。
美しく仕上げるために、しっかりマスターしておきましょう。

Tピン、9ピン

1 結び玉やビーズをTピンに通します。

2 ペンチでTピンを90度に曲げます。

3 Tピンの先を7mm残してニッパーで切り落とします。

4 Tピンの端を丸ペンチでつかみ、丸ペンチに沿わせて丸めます。曲がったり、すき間があいたりしたときは、ペンチで形を整えます。

エンドパーツ

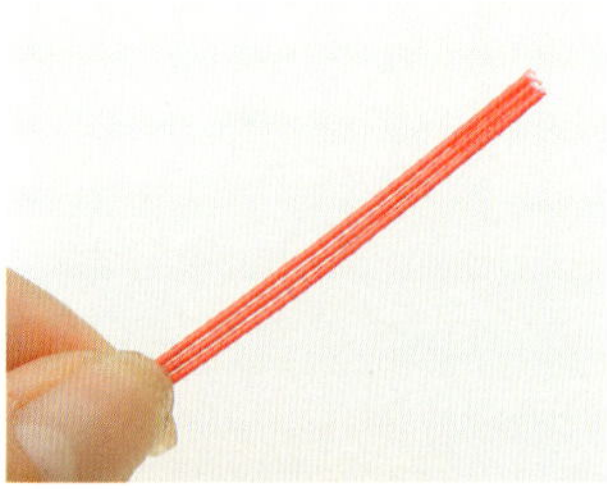

1 水引の端をまっすぐ切りそろえます。

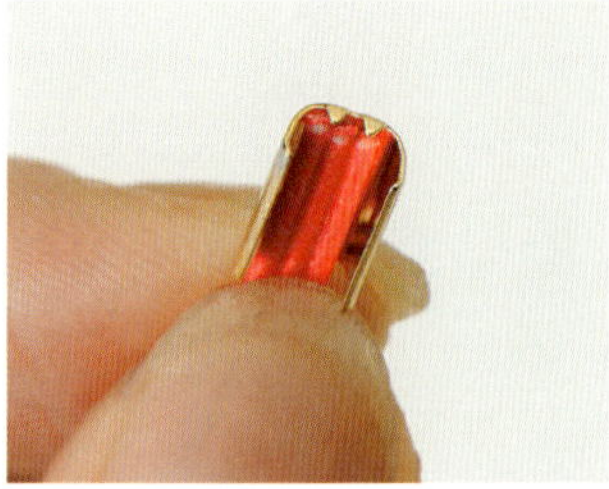

2 エンドパーツの溝に水引をはめ込みます。

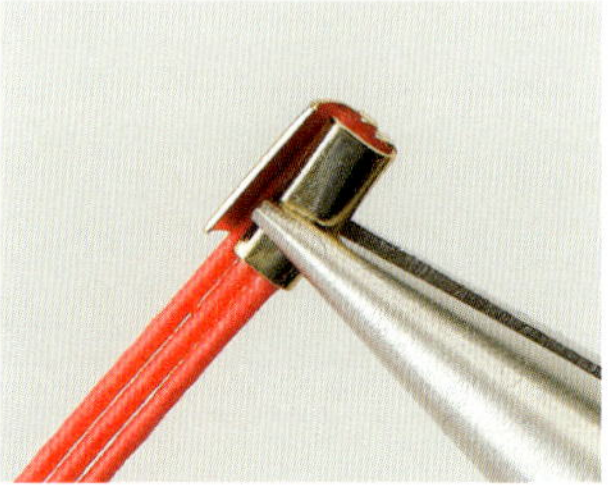

3 ひも留めをペンチで倒します。

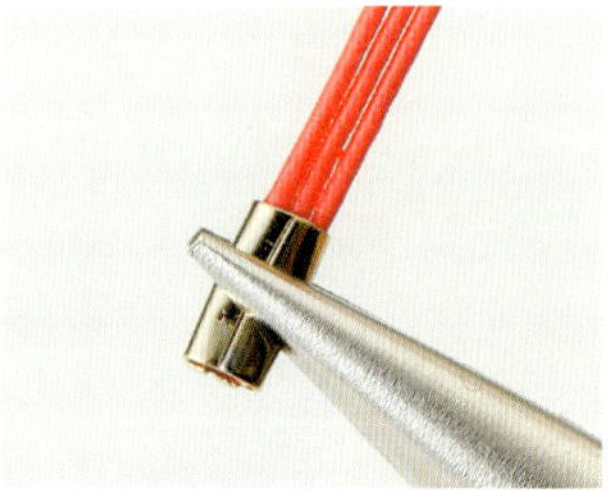

4 反対側も同様にペンチで倒し、ペンチではさんでしっかり固定します。

丸カン

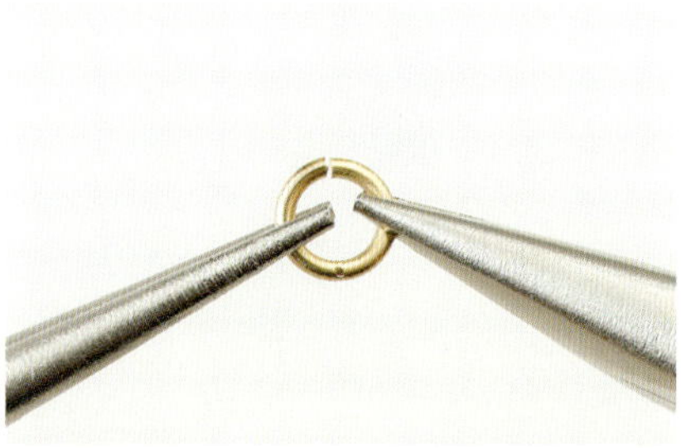

1 丸カンを2本のペンチではさみます。

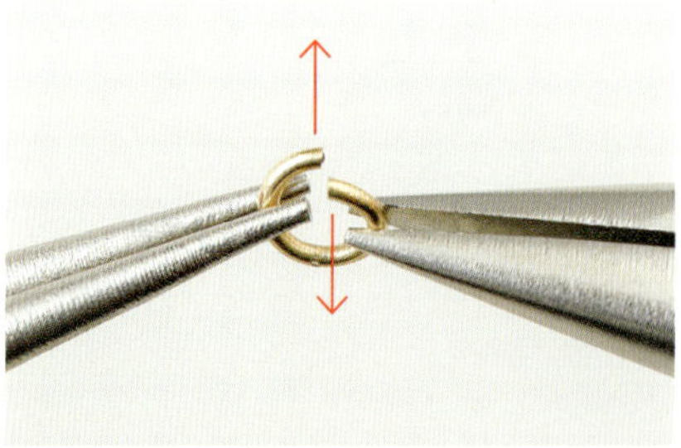

2 前後にずらすようにして開き、パーツなどを通して閉じます。

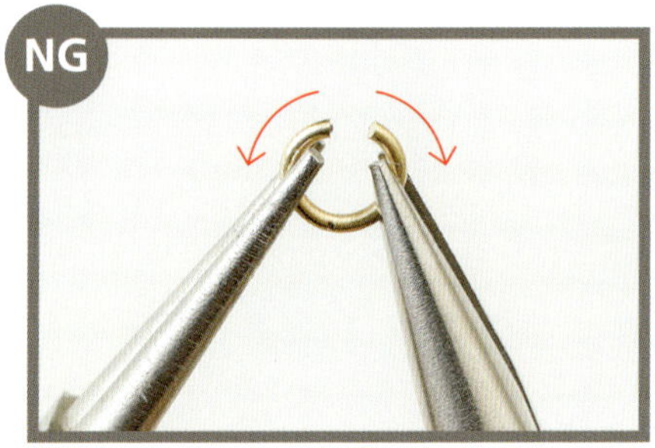

3 左右に引っ張るように開くと、きれいに閉じないだけでなく、丸カンが壊れやすくなります。

HOW TO MAKE

本書で紹介している連続あわじ結び（横）、逆さあわじ結び、抱きあわじ結び、松結びの結び方とアクセサリー、小物の作り方を紹介します。
基本の材料と道具、作り方は p.38 〜 48 を参照してください。

◆材料について ｜ 水引は南信州産直通販水引「そうきち」、アクセサリーパーツは貴和製作所の商品を使用しています。色の名前、商品名はメーカーの表記をそのまま記載しています。

連続あわじ結び（横）

【結び方】

1

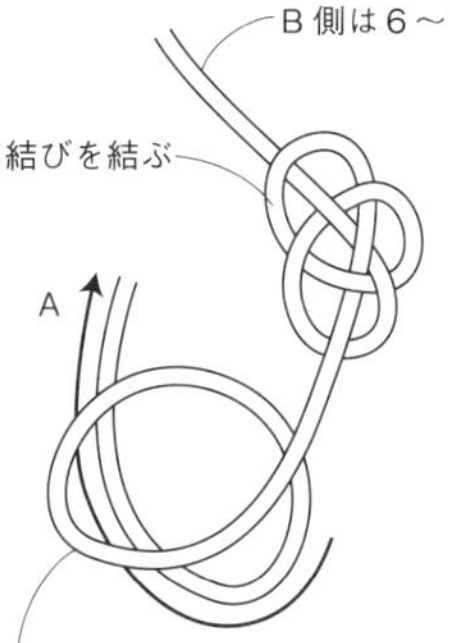

②A 側で「め」の形のような輪を作る

2

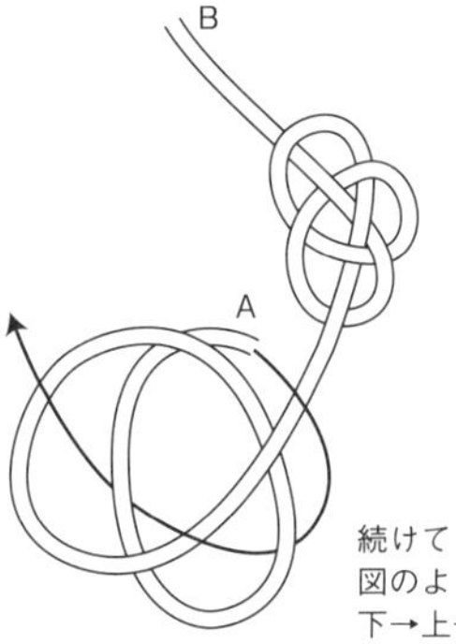

続けて A 側を
図のように上から
下→上→下→上へ通す

3

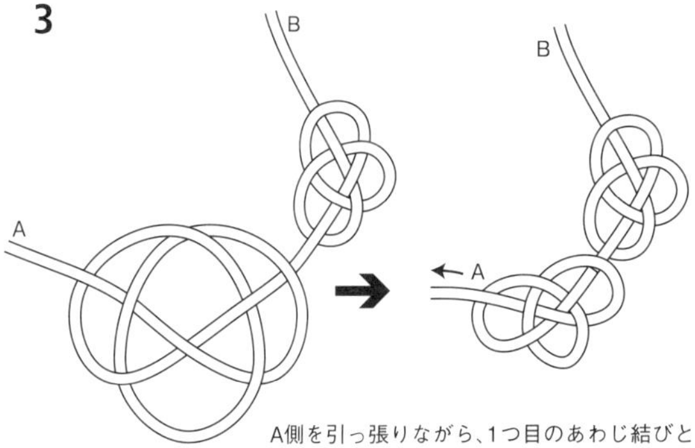

A側を引っ張りながら、1つ目のあわじ結びと
同じ大きさになるように調整する

逆さあわじ結び

【結び方】

1

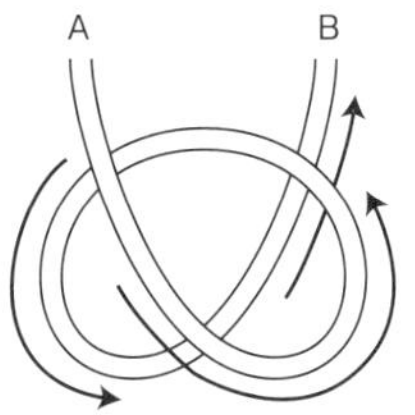

図のように「め」の形のような輪を作る
※水引の重なり方があわじ結びと逆になる

2

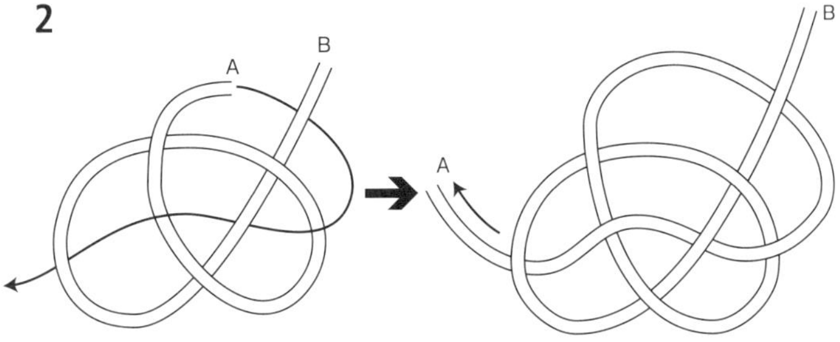

A 側を図のように下→上→下→上→下へ通す

3

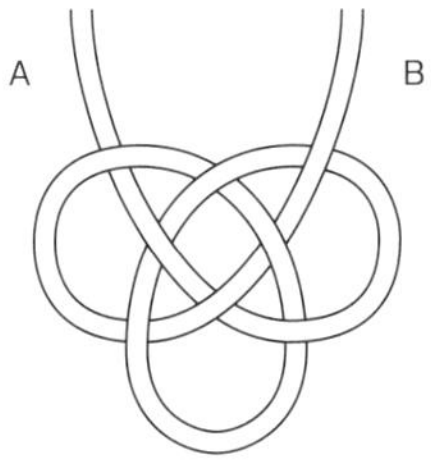

形を整える

抱きあわじ結び

【結び方】

1

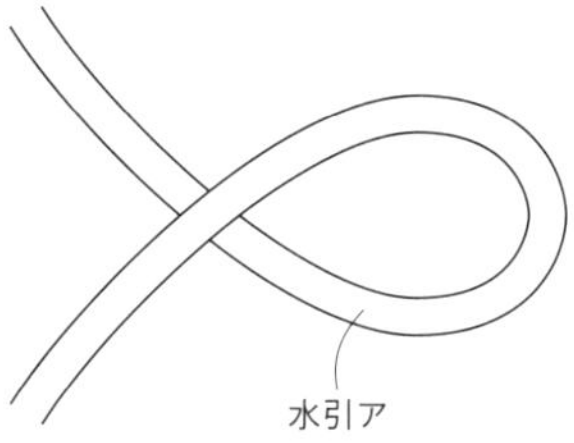

水引アで輪を作る

2

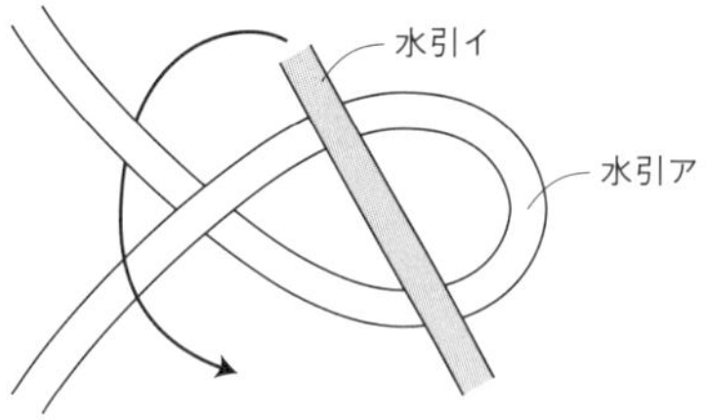

水引イを図のように
水引アにかける

3

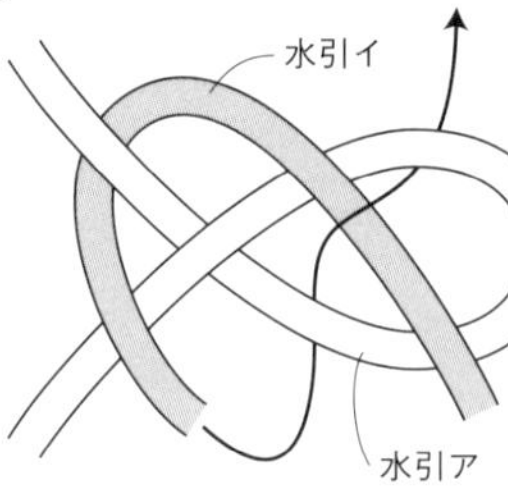

図のように水引イを
水引アの輪に通す

4

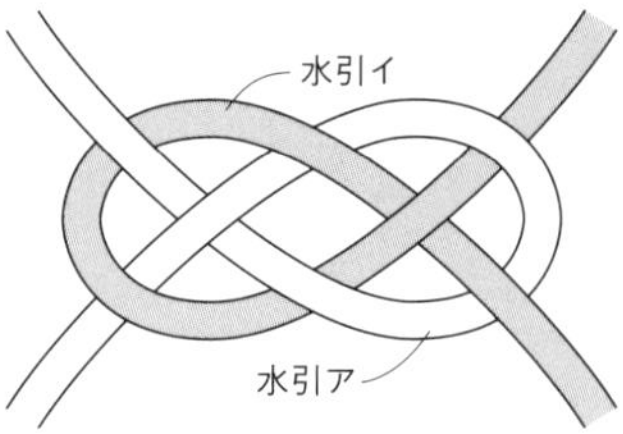

形を整える

松結び

【結び方】

1

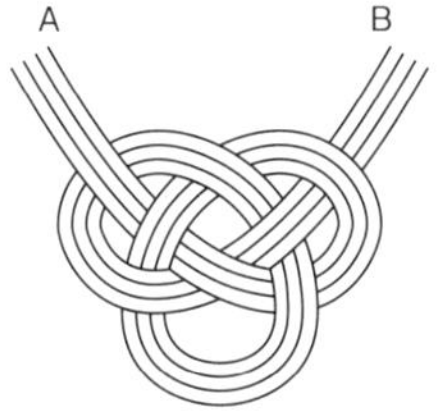

水引３本であわじ結びを結ぶ

2

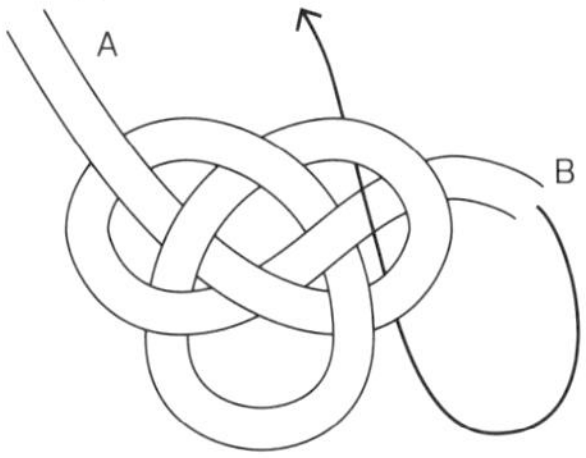

B側を右の輪の下から
上→下へ通す

3

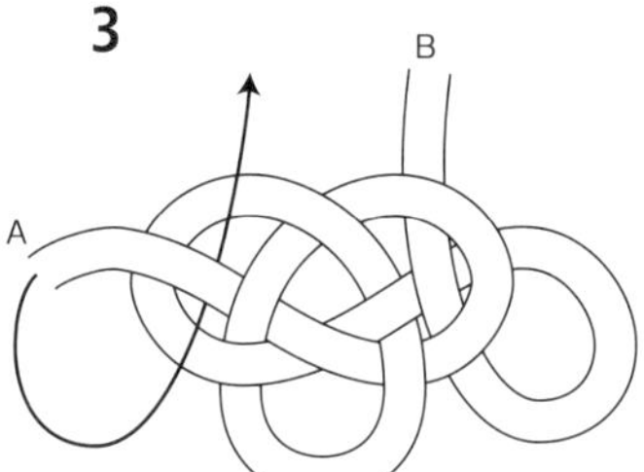

A側を左の輪の上から下→上へ通す

4

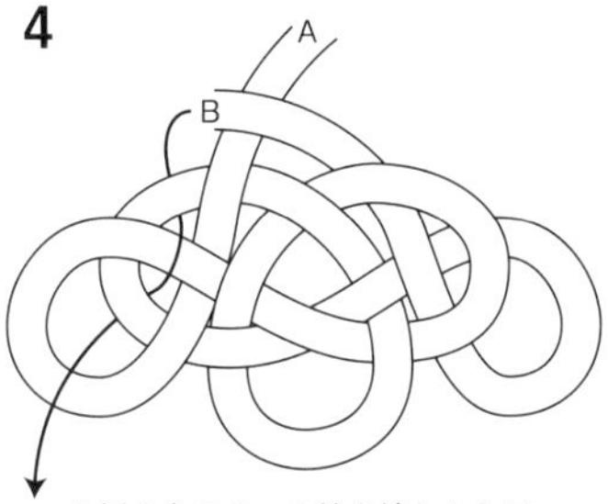

B側を左の２つの輪を縫うように
下→上→下→上へ通す

5

A 側を右の２つの輪を
縫うように
上→下→上→下へ通す

6

A と B 側の余分をカットし
接着剤でとめる

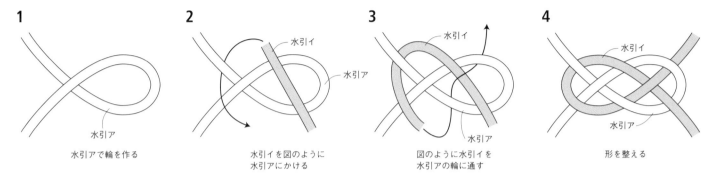

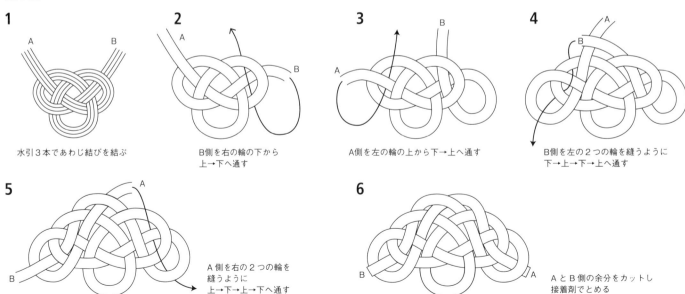

01 ▸p.6

あわじ結びのネックレスとブレスレット

【材料】

◎共通
特光水引（淡金）――― 20㎝×1本
ビーズ（半貴石　ボタンカット約2.5～3.5㎜・アパタイト天然）――― 1個
カシメ（1.2㎜・ゴールド）――― 2個
丸カン（2.3㎜・ゴールド）――― 6個
板ダルマ（小・ゴールド）――― 1個
ヒキワ（5.5㎜・ゴールド）――― 1個

◎ネックレス
チェーン（235SA55DC4・ゴールド）－ 21.5㎝×2本
◎ブレスレット
チェーン（235SA55DC4・ゴールド）――― 6㎝×2本

【作り方のポイント】

◎「あわじ結び」の結び方はp.42を参照。
◎アクセサリーパーツのつけ方はp.48参照。

【作り方】

水引1本であわじ結びを結ぶ
両端をカットしてカシメをつけたあと、各パーツをつける

【ネックレス】

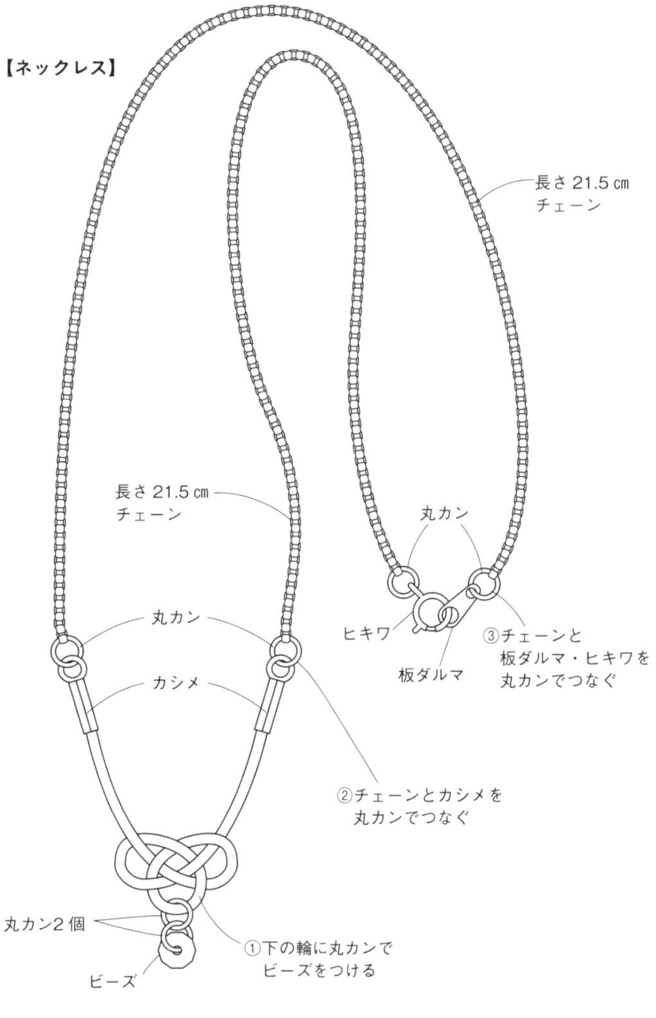

【ブレスレット】

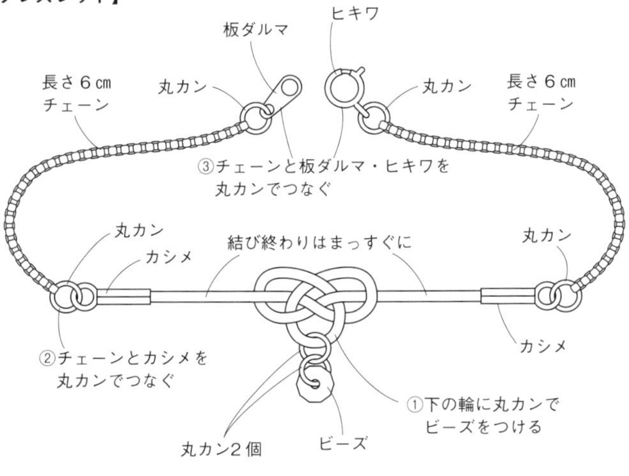

02 ▸ p.8

あわじ結びのピアス

【材料】

◎ゴールド
特光水引（淡金）———— 20㎝× 4 本
ビーズ（半貴石　ラウンド両穴 3㎜・
　ラピスラズリ）———— 2 個
ピアス金具（芯立 3㎜・ゴールド）—1 組
テグス ———— 適宜

◎シルバー
特光水引（銀）———— 20㎝× 4 本
ビーズ（半貴石　ラウンド両穴 3㎜・
　オパール）———— 2 個
ピアス金具（芯立3㎜・ロジウムカラー）
———— 1 組
テグス ———— 適宜

【作り方のポイント】

◎「あわじ結び」の結び方は p.42 を参照。**2** で丸みをつけるときは、p.43「お椀形にする」を参照。

【作り方】

1

2

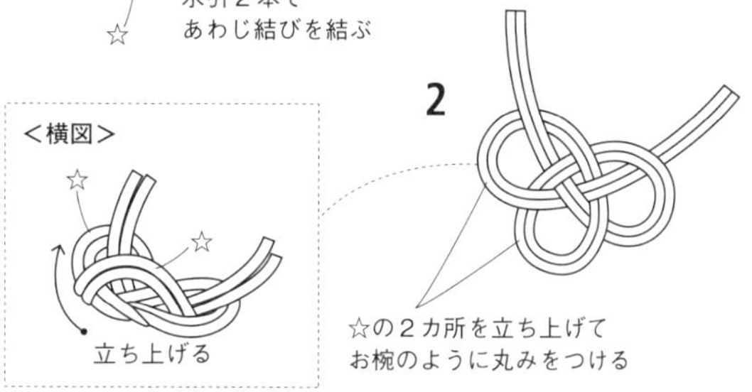

3

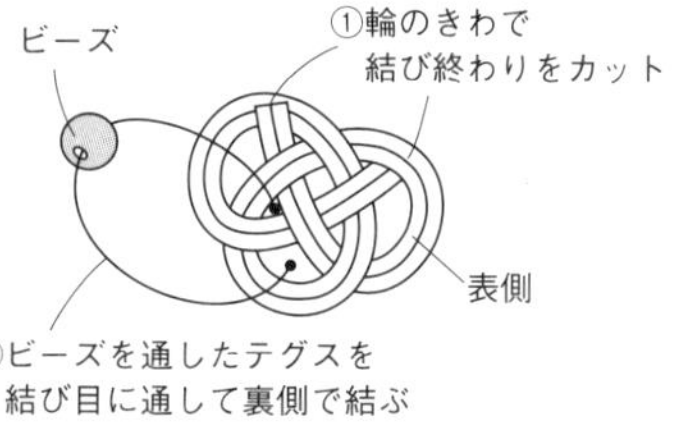

4

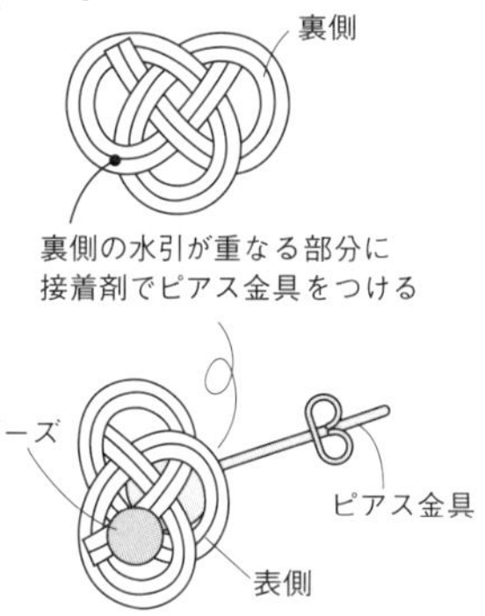

03 ▸ p.9

あわじ結びのコーム

【材料】

プラチナ水引（濃ゴールド）—— 20㎝× 6 本
プラチナ水引（濃ゴールド）—— 10㎝× 1 本
コットンパール（6㎜）———— 1 個
コーム（5 山・ゴールド）———— 1 個
テグス ———— 適宜

【作り方のポイント】

◎「あわじ結び」の結び方は p.42 を参照。

【作り方】

1

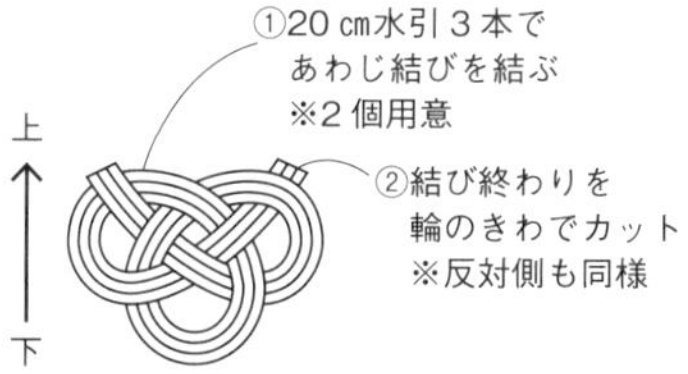

2

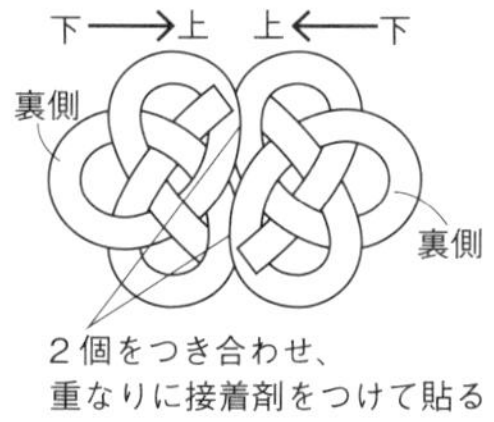

3

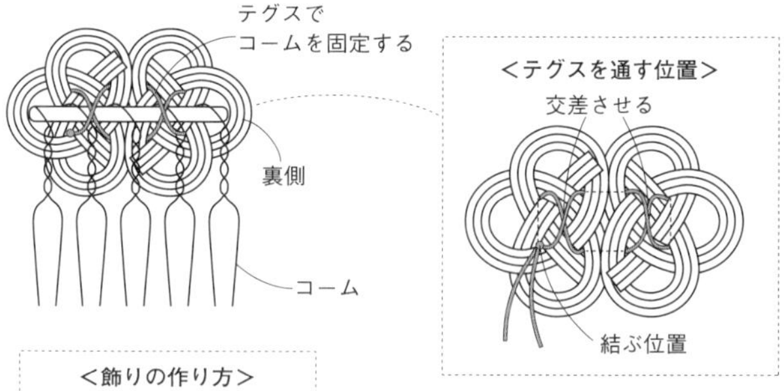

4

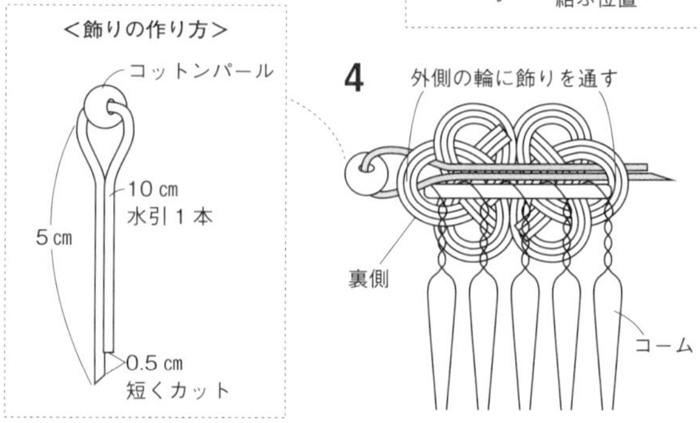

04 ▸ p.10

菜の花結びのリング

【材料】（1 点分）

水引（花水引・若草、菜の花または特光水引・銀）── 20㎝× 3 本
リング台（丸皿 8㎜・ゴールド）──────────── 1 個

【作り方のポイント】

◎「菜の花結び」の結び方は p.43 を参照。

【作り方】

1

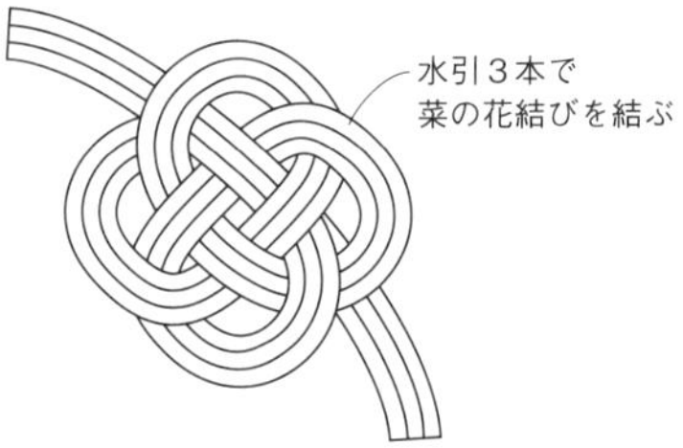
水引３本で
菜の花結びを結ぶ

2

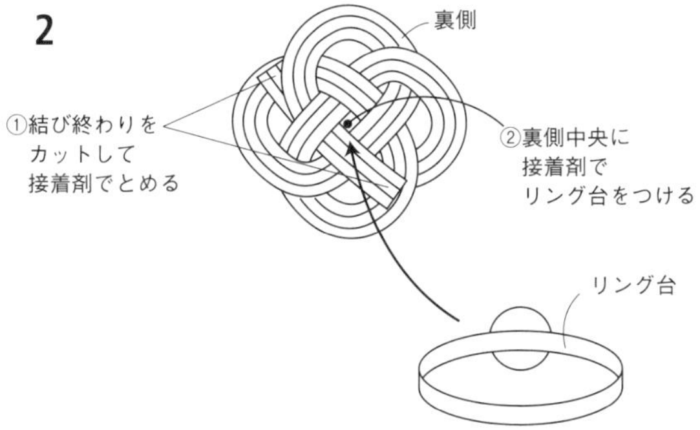
裏側
①結び終わりを
カットして
接着剤でとめる
②裏側中央に
接着剤で
リング台をつける
リング台

05 ▸ p.12

菜の花結びのイヤリング

【材料】

花水引（ラベンダー・翡翠）────── 各 30㎝× 2 本
特光水引（淡金）──────────── 30㎝× 2 本
花水引（ぼたん）──────────── 30㎝× 4 本
イヤリング金具（ネジバネ芯立・ゴールド）──── 1 組

【作り方のポイント】

◎「菜の花結び」の結び方は p.43 を参照。**1**- ②で輪を尖らせるときは、p.43 の「花びらを尖らせる場合」を参照。
◎「菜の花結び」を結ぶとき、5 本を一度に結ぶと歪んだり、よれたりする場合があるので、様子を見ながら 1 本ずつ引っ張り、形を整える。

【作り方】

1

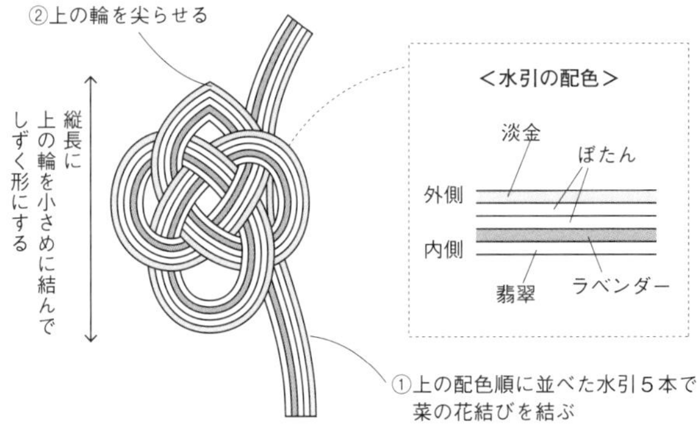
②上の輪を尖らせる
縦長に
上の輪を小さめに結んで
しずく形にする
＜水引の配色＞
淡金
ぼたん
外側
内側
翡翠
ラベンダー
①上の配色順に並べた水引５本で
菜の花結びを結ぶ

2

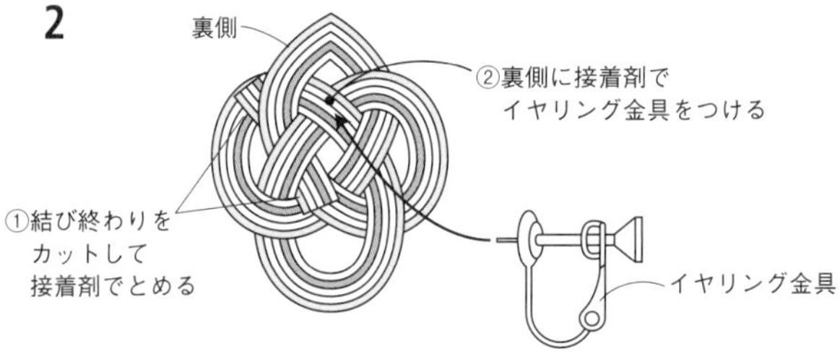
裏側
②裏側に接着剤で
イヤリング金具をつける
①結び終わりを
カットして
接着剤でとめる
イヤリング金具

06 ▸p.13

菜の花結びのピアス

【材料】

◎シルバー
特光水引（銀）――――――30㎝× 6 本
特光水引（銀）――――――45㎝× 18 本
丸カン（2.3㎜・ロジウムカラー）――6 個
ピアス金具
（カン付き・ロジウムカラー）――1 組

◎ゴールド
特光水引（淡金）――――――30㎝× 6 本
特光水引（淡金）――――――45㎝× 18 本
丸カン（2.3㎜・ゴールド）――――6 個
ピアス金具（カン付き・ゴールド）――1 組

【作り方のポイント】

◎「菜の花結び」の結び方は p.43 を参照。

【作り方】

1

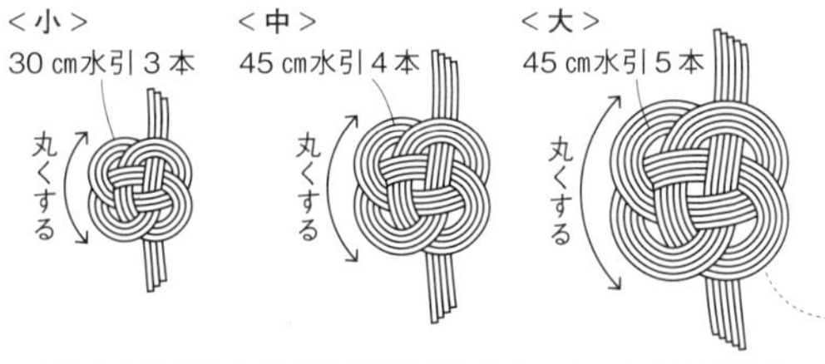

水引の本数を変えて「菜の花結び」を小・中・大各 2 個結ぶ

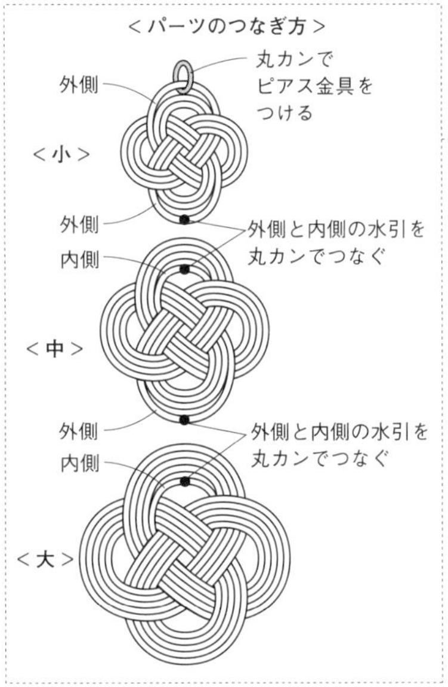

2

モチーフ小、中、大を
丸カンでつなぎ、
ピアス金具をつける

07 ▸p.14

玉結びのフックピアス

【材料】

◎シルバー
特光水引（銀）――――――45㎝× 2 本
ピアス金具（デザインピアスフック裏芯立
ヘアライン 丸玉 4 ～ 8㎜用・
ロジウムカラー）――――――1 組

◎ゴールド
特光水引（淡金）――――――45㎝× 2 本
ピアス金具（デザインピアスフック裏芯立
ヘアライン 丸玉 4 ～ 8㎜用・ゴールド）
――――――――――――1 組

【作り方のポイント】

◎「玉結び」の結び方は p.44 を参照。結び終わりは、玉の中でカットして接着剤でとめる。

【作り方】

1

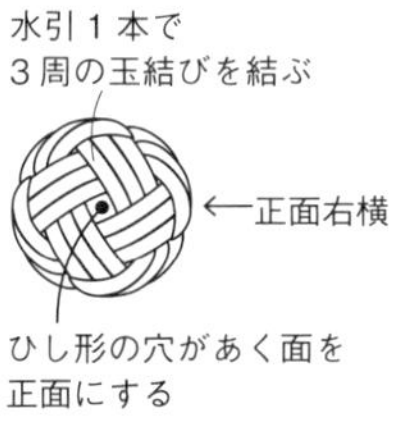

2

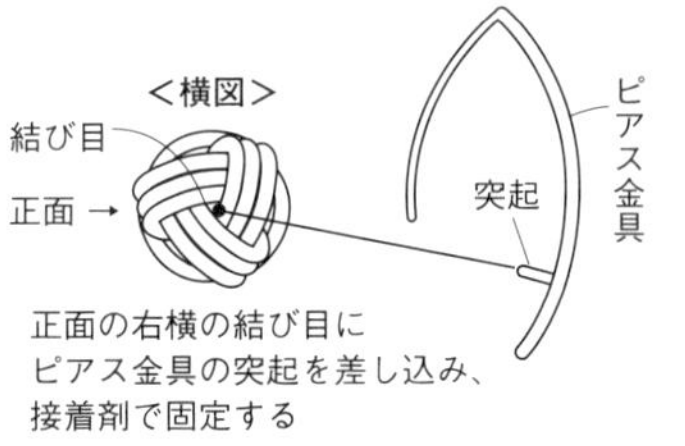

09 ▸p.17

玉結びのピアス

【材料】（1 点分）

水引（プラチナ水引・濃ゴールドまたは
花水引・紅色、ぼたん、翡翠）
――――――――――――45㎝× 2 本
ピアス金具（芯立・ゴールド）――― 1 組

【作り方のポイント】

◎「玉結び」の結び方は p.44 を参照。
結び終わりは、玉の中でカットして
接着剤でとめる。

【作り方】

1

2

08 ▸ p.15

玉結びのダブルリングピアス

【材料】

◎シルバー
特光水引（銀）――――――45㎝×２本
ヒキモノリング（スパークル 13.5㎜・ロジウムカラー）――――――２個
ヒキモノリング（スパークル 17㎜・ロジウムカラー）――――――２個
丸カン（3㎜・ロジウムカラー）――――４個
Tピン（0.5×25㎜・ロジウムカラー）－２本
ピアス金具（真鍮Ｕ字大・ロジウムカラー）――１組

◎ゴールド
特光水引（淡金）――――――45㎝×２本
ヒキモノリング（スパークル13.5㎜・ゴールド）――２個
ヒキモノリング（スパークル17㎜・ゴールド）――２個
丸カン（3㎜・ゴールド）――――――４個
Tピン（0.5×25㎜・ゴールド）――２本
ピアス金具（真鍮Ｕ字大・ゴールド）――――――１組

【作り方のポイント】

◎「玉結び」の結び方はp.44を参照。結び終わりは、玉の中でカットして接着剤でとめる。
◎アクセサリーパーツのつけ方はp.48参照。

【作り方】

1

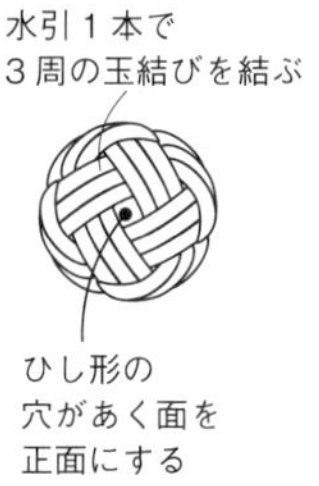

2

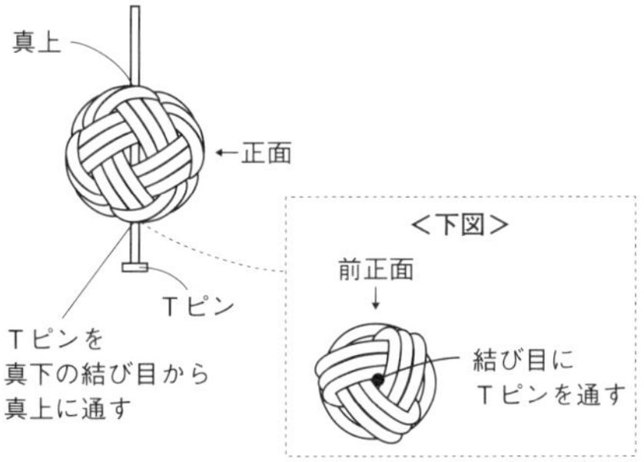

3

4

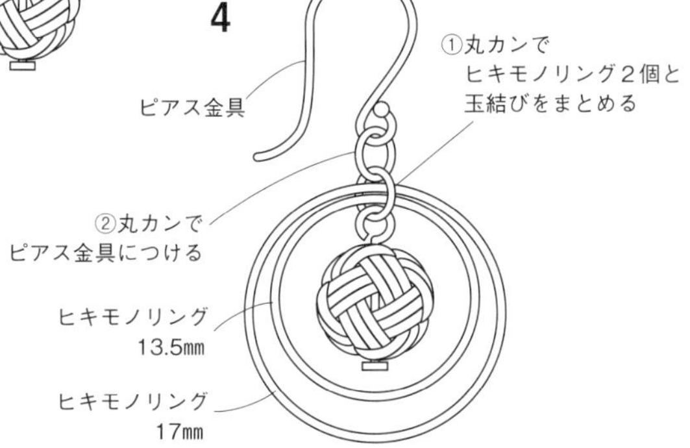

※ここでは、p.39の「デザイン丸カン」のことを「ヒキモノリング」と表記しています。

11 ▸ p.19

玉結びのかんざし

【材料】

プラチナ水引（濃ゴールド）― 45㎝×３本
メタルビーズ（真鍮スカシ玉 6㎜・ゴールド）―２個
メタルビーズ（丸 2㎜・ソフト・金）－１個
花座（No.11・ゴールド）――――――２個
かんざし（１カン付・ゴールド）――１本
９ピン（25㎜・ゴールド）――――――３本
Ｔピン（0.5×25㎜・ゴールド）――２本

【作り方のポイント】

◎「玉結び」の結び方はp.44を参照。結び終わりは、玉の中でカットして接着剤でとめる。
◎アクセサリーパーツのつけ方はp.48参照。

【作り方】

1

2

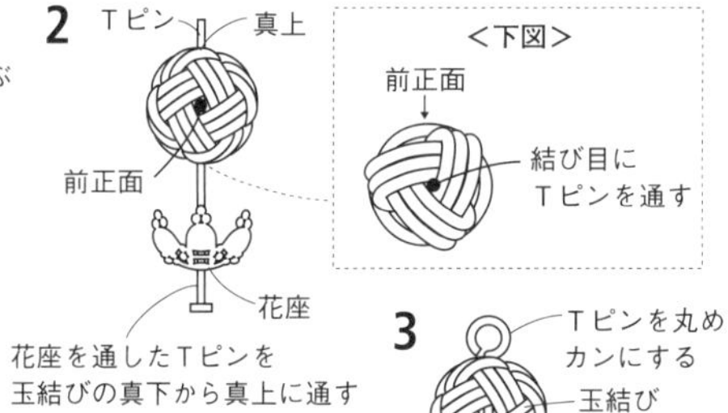

3

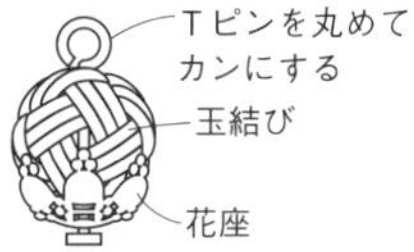

4

5

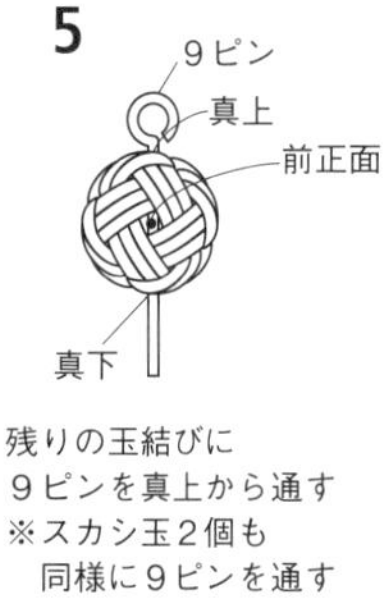

6

7

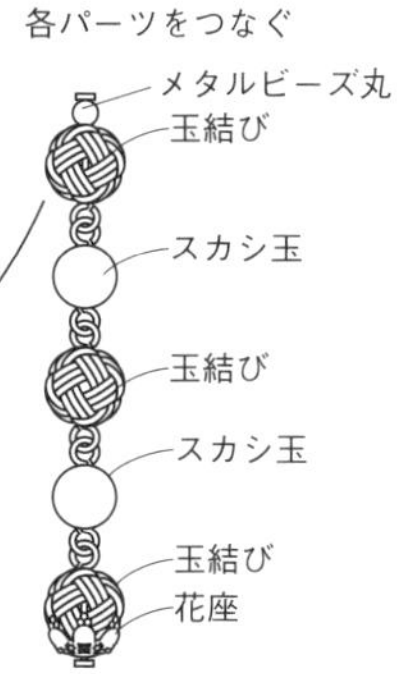

8

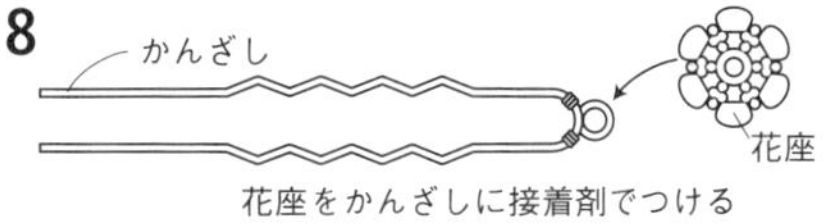

9

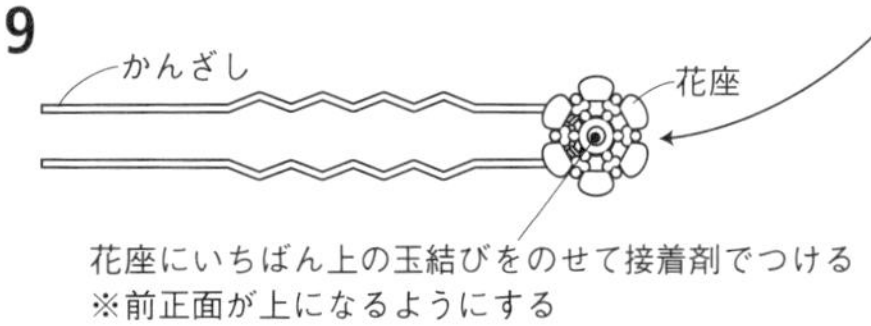

10 ▸p.18

玉結びのコーム

【材料】

◎共通
コーム（15山・ゴールド）―― 1本
テグス ―― 適宜
◎ゴールド
特光水引（淡金）―― 45㎝×7本
◎ホワイト＆コットンパール
プラチナ水引（ホワイト）―― 45㎝×5本
コットンパール（8㎜）―― 4個

【作り方のポイント】

◎「玉結び」の結び方は p.44 を参照。結び終わりは、玉の中でカットして接着剤でとめる。

【ゴールドのコーム】

1 水引1本で
3周の玉結びを結ぶ
※7個作る

ひし形の
穴があく面を
正面にする

2

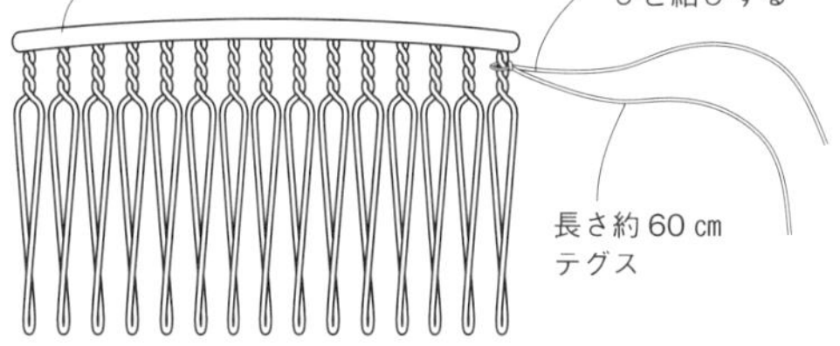
コーム表側
テグスの半分程のところで
ひと結びする
長さ約60㎝
テグス

3

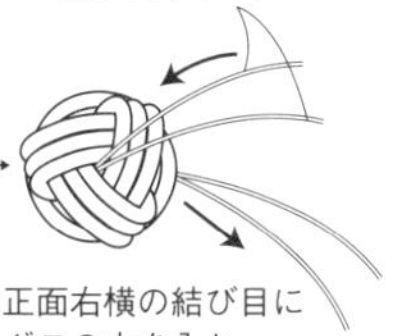
＜横図＞
コームに
結んだテグス
前正面

前正面右横の結び目に
テグス2本を入れ、
後ろ正面から出す

4

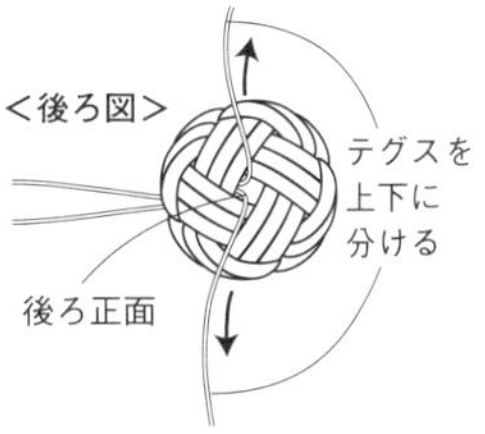
＜後ろ図＞
テグスを
上下に
分ける
後ろ正面

5

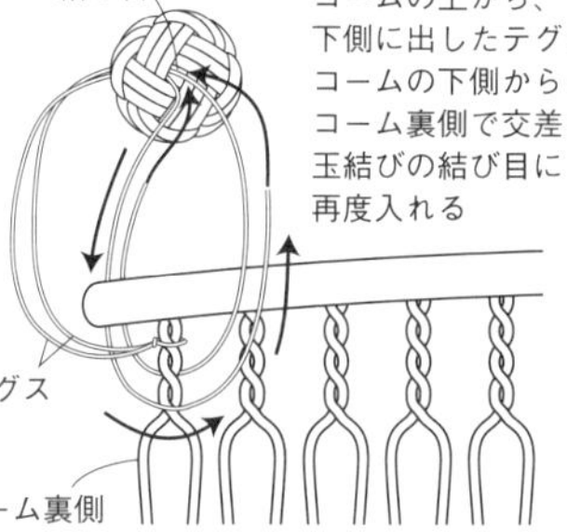
後ろ正面の
結び目
テグス
コーム裏側

上側に出したテグスは
コームの上から、
下側に出したテグスは
コームの下側からくぐらせ、
コーム裏側で交差させる
玉結びの結び目に
再度入れる

6

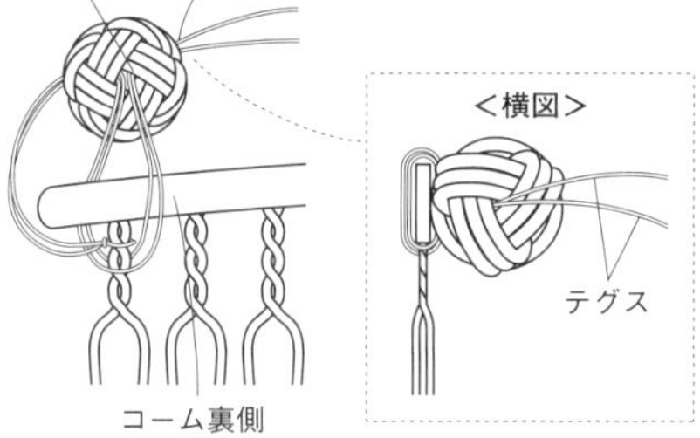
後ろ正面の
結び目
左側の結び目から2本
まとめてテグスを出す
＜横図＞
テグス
コーム裏側

7 ①同様にして残りの玉結び6個を
コームの骨2つおきにテグスでつける

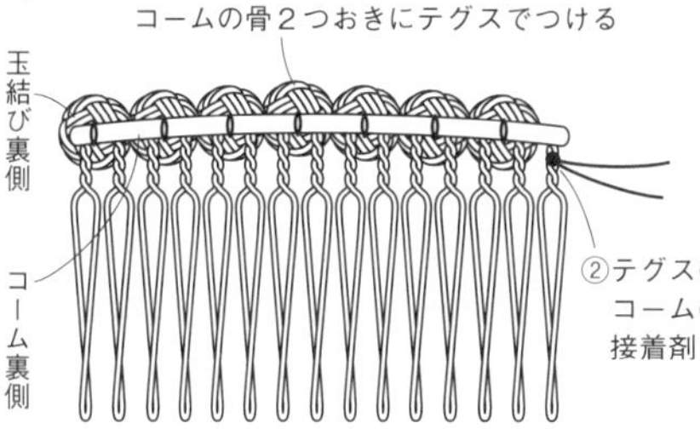
玉結び裏側
コーム裏側

②テグスの端を
コームの骨に結び
接着剤でとめる

【ホワイト＆コットンパールのコーム】

1 水引1本で
3周の玉結びを結ぶ
※5個作る

ひし形の穴があく面を
正面にする

2

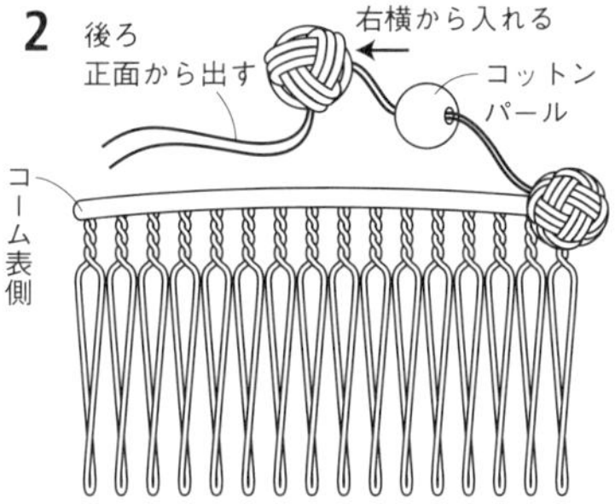
後ろ
正面から出す
右横から入れる
コットン
パール
コーム表側

ゴールドのコームの作り方 2～ 7と
同じ要領で玉結びとコットンパールを
交互にコームにつける

3 コットンパールを固定する

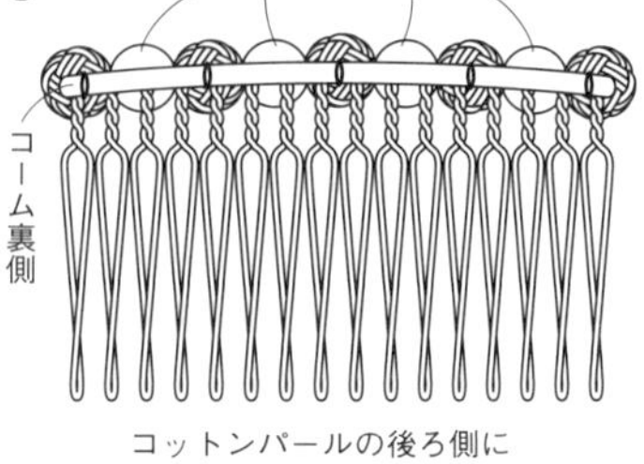
コーム裏側

コットンパールの後ろ側に
接着剤をつけてコームに固定する

12 ► p.20

玉結びのバレッタ

【材料】

◎共通
スペーサー大
（大穴ロンデル石付ミル打・クリスタル／ G）―― 2 個
スペーサー小
（トルコ製パーツメタルビーズ No.3・
マットゴールド）―― 2 個
ガラスカットビーズ（ソロバン 3㎜・トパーズ）―― 2 個
安口バレッタ（60㎜・ゴールド）―― 1 個
テグス ―― 適宜

◎ゴールド
プラチナ水引（モルト）―― 45㎝× 3 本
アクリルビーズ（ドイツ製パンケーキ 13㎜・
アンティークブルー）―― 2 個
◎ホワイト
プラチナ水引（ホワイト）―― 45㎝× 3 本
アクリルビーズ（ドイツ製パンケーキ 13㎜・クリスタル）
―― 2 個

【作り方のポイント】

◎「玉結び」の結び方は p.44 を参照。結び終わりは、玉の中でカットして接着剤でとめる。

【作り方】

1

2

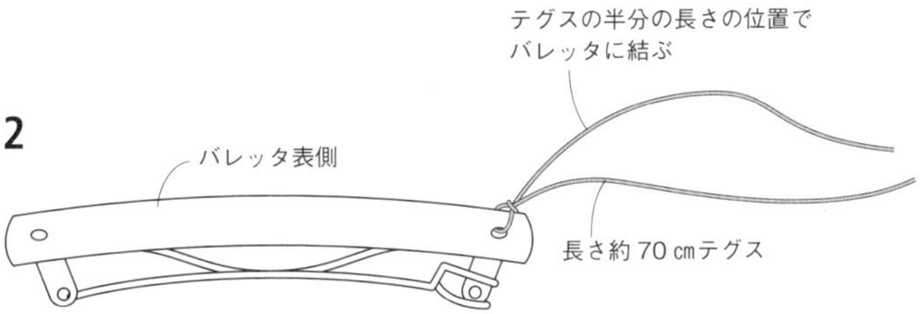

3

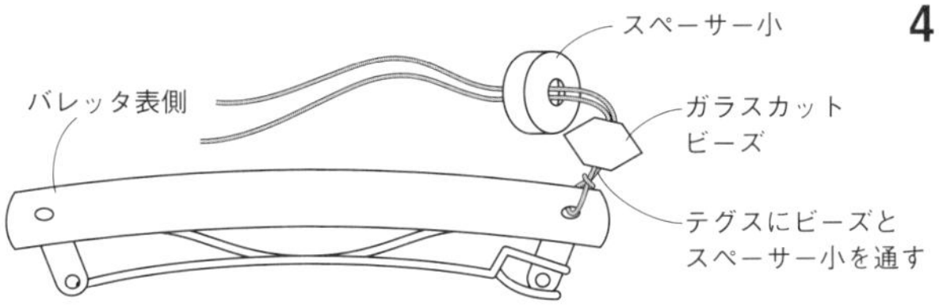

4

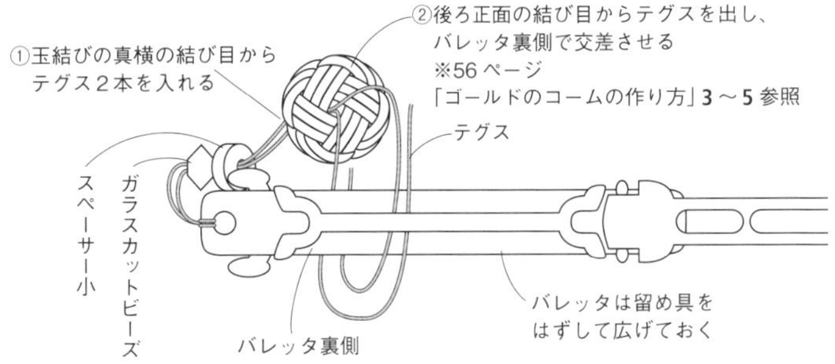

5

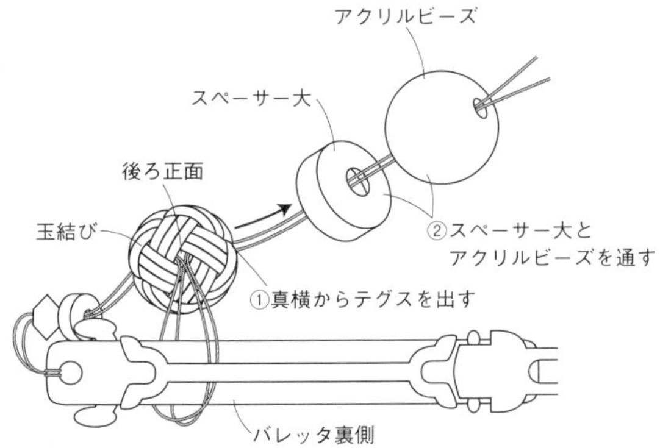

6

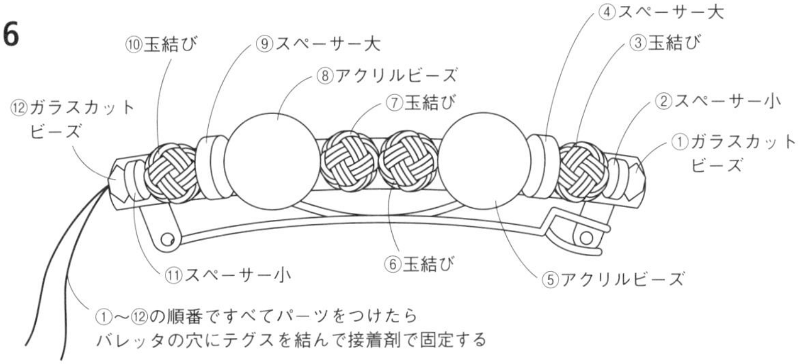

13 ▸ p.21

梅結びのイヤリング

【材料】（1 点分）

花水引（紅色または瑠璃色）
——— 30㎝× 6 本
メタルビーズ（丸 2㎜・ソフト金）— 22 個
ワイヤー ——— 20㎝
イヤリング金具（ネジバネ芯立・ゴールド）
——— 1 組

【作り方のポイント】

◎「梅結び」の結び方は p.45 を参照。
◎ 作り方 **2**- ②のとき、p.45「お椀形にする場合」を参照して形を整える。

【作り方】

1

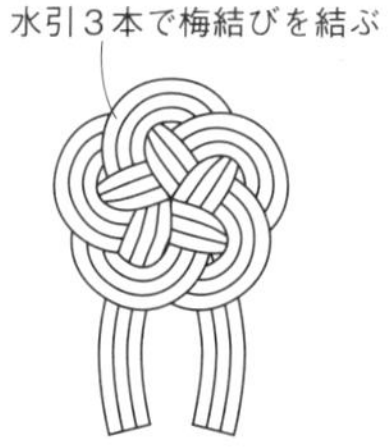

2

3

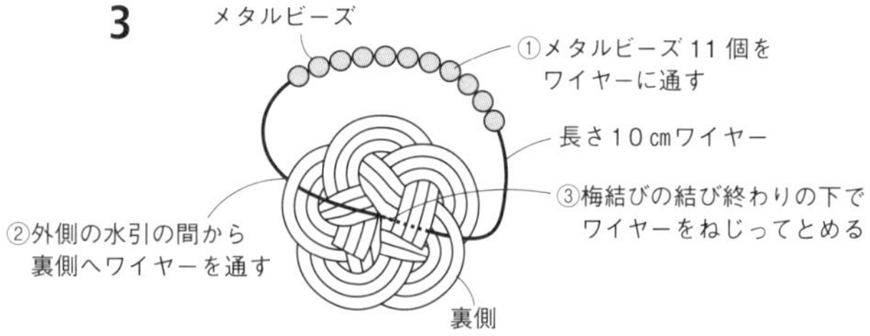

4

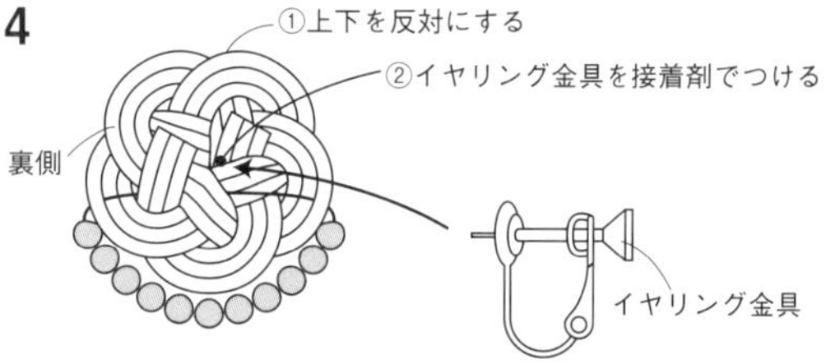

14 ▸ p.22

梅結びのパールイヤリング

【材料】

プラチナ水引（濃ゴールド）— 30㎝× 6 本
コットンパール（8㎜）——— 2 個
ワイヤー ——— 20㎝
イヤリング金具
（ネジバネ芯立・ゴールド）——— 1 組

【作り方のポイント】

◎「梅結び」の結び方は p.45 を参照。
◎ 作り方 **2**- ①のとき、p.45「お椀形にする場合」を参照して形を整える。

【作り方】

1

2

3

15 ▸ p.23

梅結びのお椀形ピアス

【材料】（1 点分）

水引（特光水引・淡金またはプラチナ水引・
ホワイト）——— 30㎝× 6 本
樹脂粘土（ゴールドまたは白）——— 適宜
ピアス金具（芯立・ゴールド）——— 1 組

【作り方のポイント】

◎梅結びの結び方は p.45 を参照。
◎作り方 **2**- ①のとき、p.45「お椀形にする場合」を参照して形を整える。

【作り方】

1

2

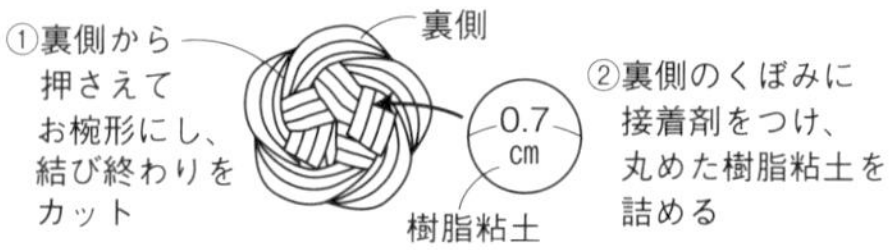

3

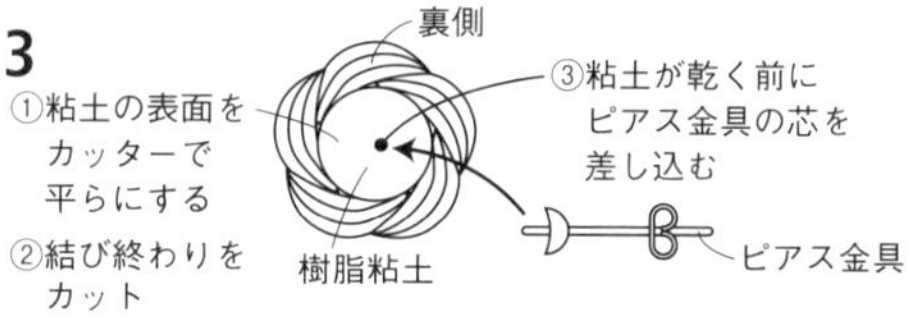

16 ▸p.24

梅結びのブローチ

【材料】（1点分）

水引（プラチナ水引・濃ゴールドまたは花水引・翡翠、瑠璃色、さんご、だいだい、ぼたん、紅藍色、菜の花、ラベンダー）
——45cm×5本
ブローチ金具
（ウラピン No.101・ゴールド）——1個

【作り方のポイント】

◎「梅結び」の結び方はp.45を参照。
◎「梅結び」を結ぶとき、5本を一度に結ぶと歪んだり、よれたりする場合があるので、様子を見ながら1本ずつ引っ張って形を整える。

【作り方】

1 水引5本で梅結びを結ぶ

☆

2

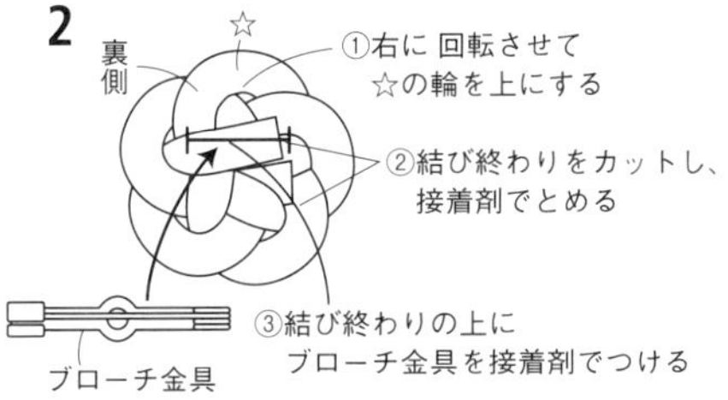
裏側
☆
①右に 回転させて
☆の輪を上にする
②結び終わりをカットし、
接着剤でとめる
③結び終わりの上に
ブローチ金具を接着剤でつける
ブローチ金具

17 18 ▸p.26

梅結びのブレスレット／梅結びのリング

【材料】

◎ブレスレット
花水引（ぼたん）——20cm×2本
チェーン（BOX1.0DC・ゴールド）
——8cm×2本
ミール皿（丸2カン付10mm・ゴールド）—1個
丸カン（2.3mm・ゴールド）——4個
板ダルマ（小・ゴールド）——1個
ヒキワ（5.5mm・ゴールド）——1個

◎リング
花水引（ぼたん）——20cm×2本
リング台（模様線丸皿付 4mm・ゴールド）——1個

【作り方のポイント】

◎「梅結び」の結び方はp.45を参照。
◎リングの作り方①のとき、p.45の「お椀形にする場合」を参照。

【作り方】

水引2本で梅結びを結ぶ

【ブレスレット】

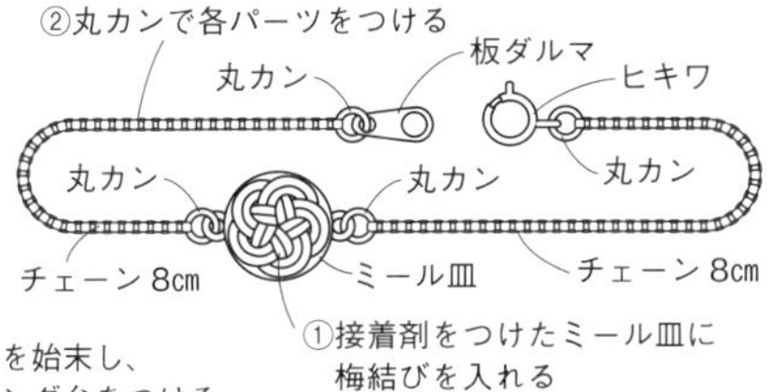
②丸カンで各パーツをつける
丸カン
板ダルマ
ヒキワ
丸カン
丸カン
丸カン
チェーン 8cm
ミール皿
チェーン 8cm
①接着剤をつけたミール皿に
梅結びを入れる
※ミール皿に入るように
お椀型に調整する

【リング】

①お椀形に丸める
②裏側の
結び終わりを始末し、
接着剤でリング台をつける
裏側
リング台

19 ▸p.27

梅結びのネックレス

【材料】

特光水引（淡金）——20cm×8本
チェーン（220SDC4・ゴールド）
——13cm×2本／4.5cm×3本
丸カン（2.3mm・ゴールド）——10個
板ダルマ（小・ゴールド）——1個
ヒキワ（5.5mm・ゴールド）——1個

【作り方のポイント】

◎「梅結び」の結び方はp.45を参照。
◎アクセサリーパーツのつけ方はp.48参照。

【作り方】

1 水引2本で梅結びを結ぶ
※4個作る

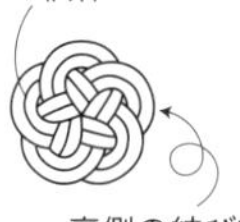
裏側の結び終わりは
始末しておく

2

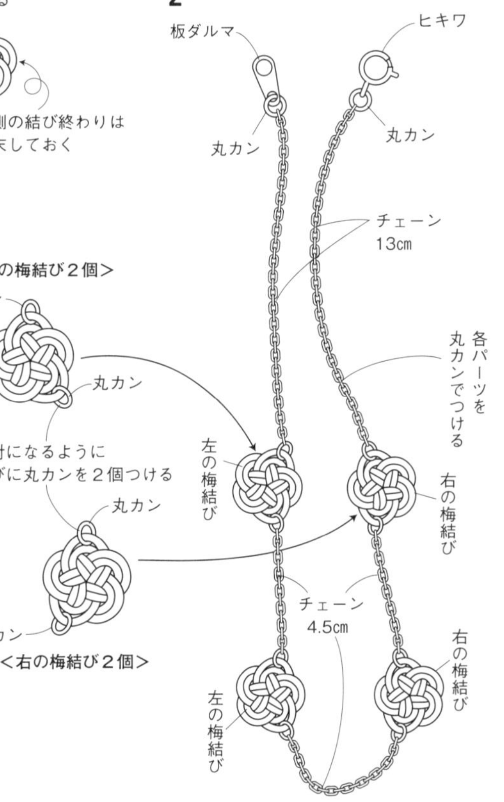
板ダルマ
ヒキワ
丸カン
丸カン
チェーン
13cm
<左の梅結び2個>
丸カン
丸カン
各パーツを丸カンでつける
左右で対になるように
各梅結びに丸カンを2個つける
左の梅結び
右の梅結び
丸カン
丸カン
<右の梅結び2個>
チェーン
4.5cm
右の梅結び
左の梅結び

20 ▸p.28

連続あわじ結びのピアス（縦）

【材料】

◎青
花水引（瑠璃色）———— 50㎝× 4 本
ピアス金具（芯立・ロジウムカラー）
———————— 1 組

◎ゴールド
特光水引（淡金）———— 50㎝× 4 本
ピアス金具（芯立・ゴールド）—— 1 組

【作り方のポイント】

◎「連続あわじ結び（縦）」の結び方は p.46 を参照。

【作り方】

1

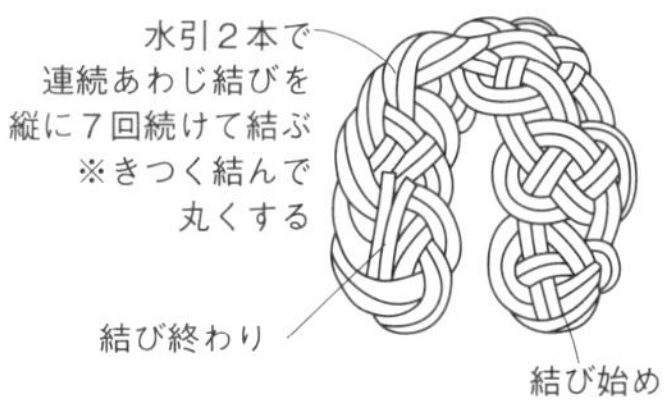

2

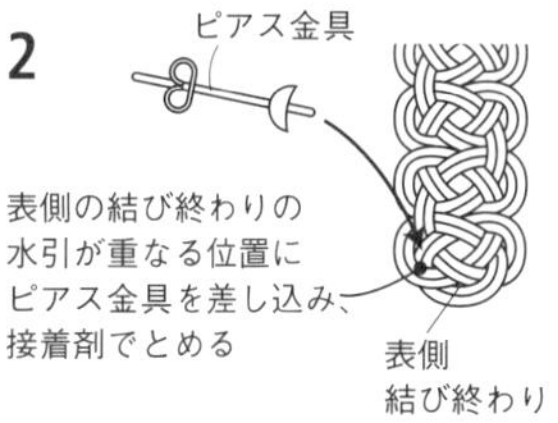

21 ▸p.29

連続あわじ結びのピアス（横）

【材料】

プラチナ水引（モルト）—— 60㎝× 2 本
ピアス金具（真鍮 U 字大・ゴールド）
———————— 1 組

【作り方のポイント】

◎「連続あわじ結び（横）」の結び方は p.49 を参照。

【作り方】

1

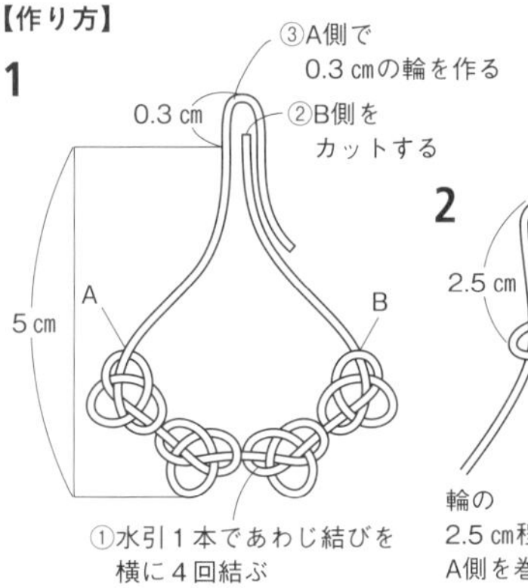

2

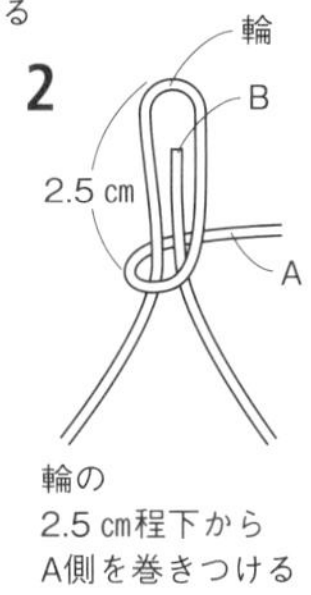

3

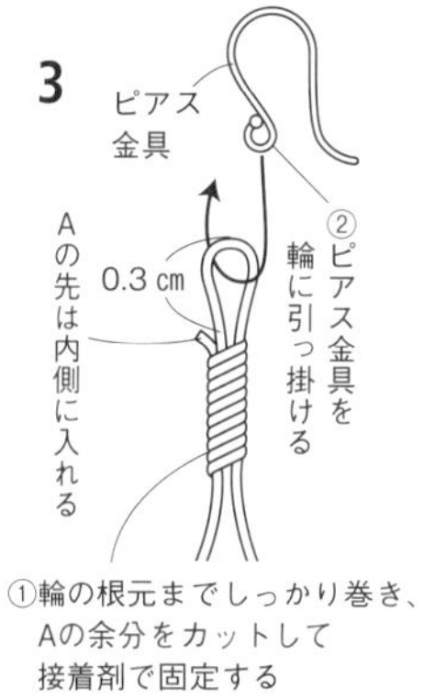

22 ▸p.30

菜の花アレンジのピアス

【材料】

みやこ水引（しかん茶）—— 45㎝× 6 本
メタルビーズ（2㎜ No75619・ゴールド）
———————— 42 個
シェルパーツ（8㎜ BRO-1・茶蝶貝）
———————— 2 個
丸カン（2.3㎜・ゴールド）———— 6 個
ピアス金具（真鍮 U 字大・ゴールド）
———————— 1 組

【作り方のポイント】

◎「菜の花結び」の結び方は p.43 を参照。
3- ③で輪を尖らせるときは、p.43 の「花びらを尖らせる場合」を参照。
◎アクセサリーパーツのつけ方は p.48 参照。

【作り方】

1

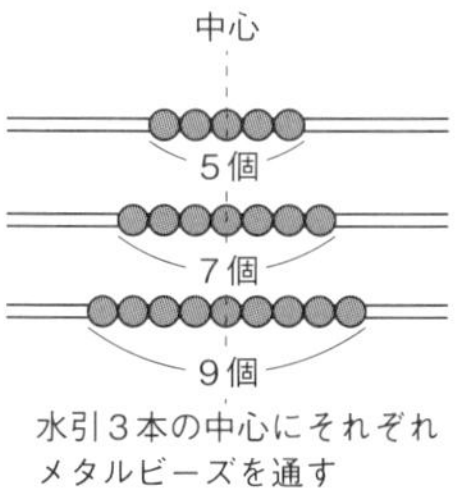

2

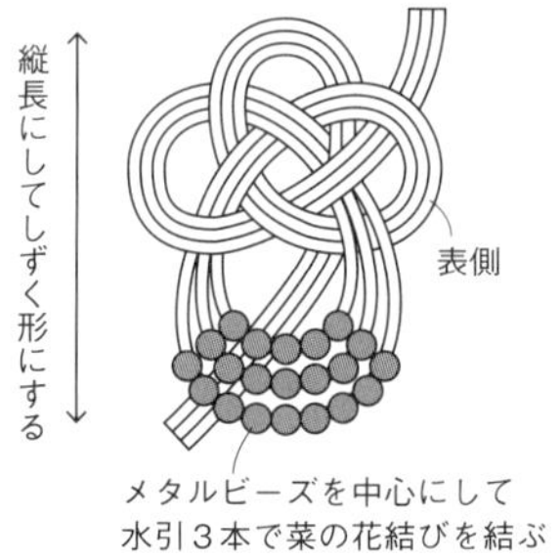

3

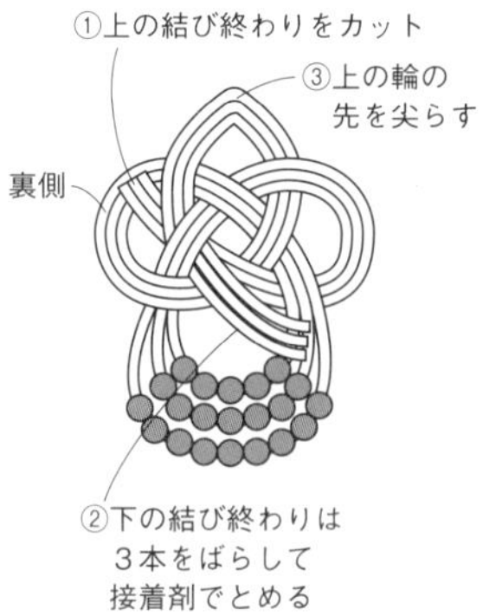

4

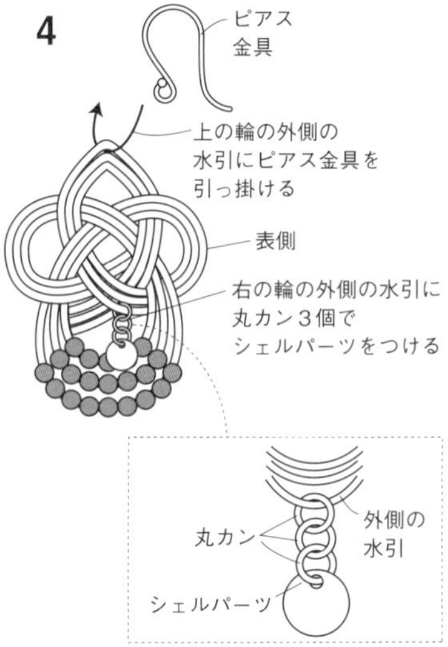

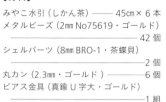

26 ▸p.32

ブックマーカー
A スワン

【材料】

花水引（白）――――――――――― 45cm×３本
ツメ付留め金具（3.5×7mm・ゴールド）――― １個

【作り方のポイント】

◎「逆さあわじ結び」の結び方は p.49 を参照。
◎ツメ付留め金具のつけ方は p.48 を参照。

【作り方】

1

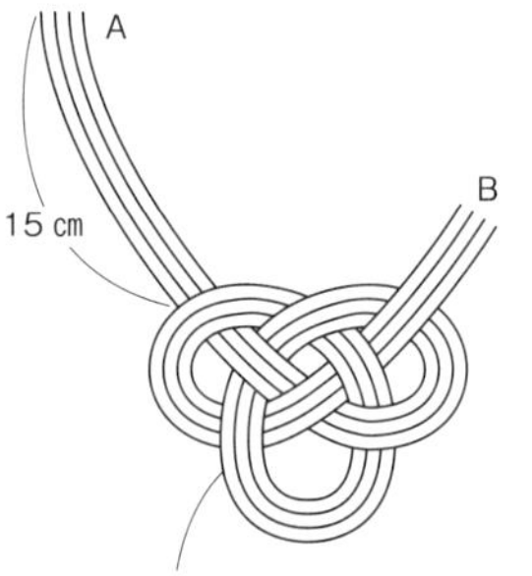

左寄りに水引３本で
逆さあわじ結びを結ぶ
A 側の結び終わりを 15 cm残す

2

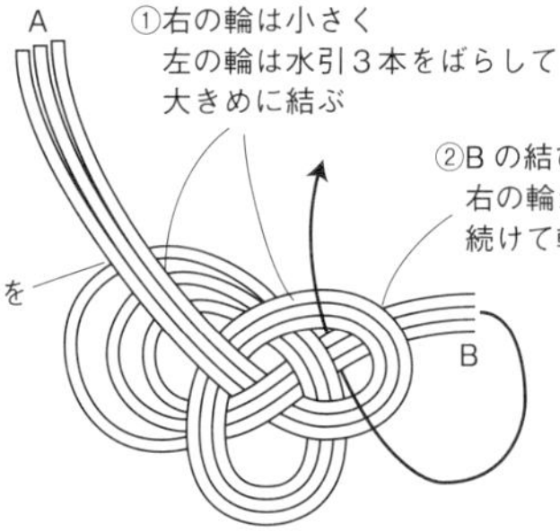

①右の輪は小さく
左の輪は水引３本をばらして
大きめに結ぶ

②B の結び終わりを
右の輪から下側にはずし
続けて輪の上→下→上と通す

③A の結び終わりを
左の輪から
上にはずす

3

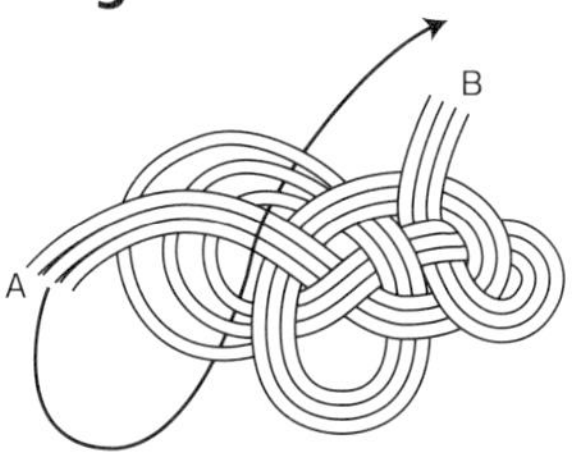

A の結び終わりの
水引３本をばらしながら
左の輪の下→上→下へ通す

4

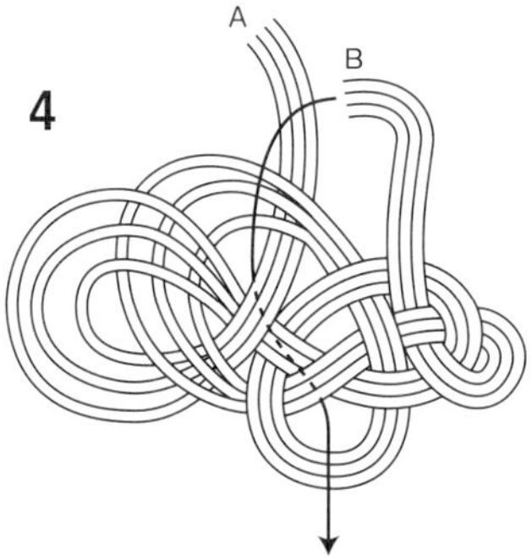

B の結び終わりの
水引３本をばらしながら
左の輪の図の位置に
表から入れて下の輪に出す

5

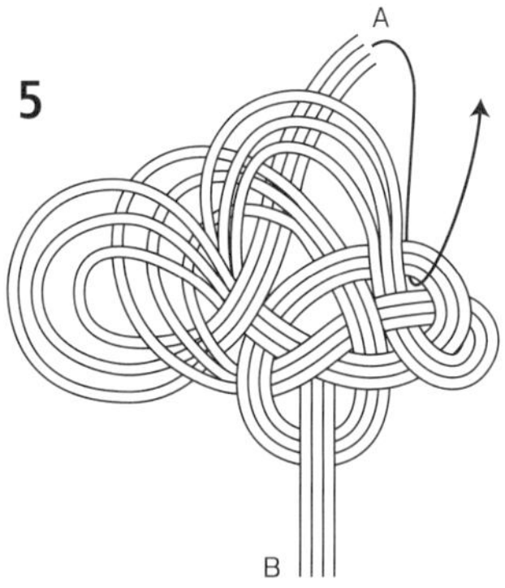

A を右の輪に裏側から通す

6

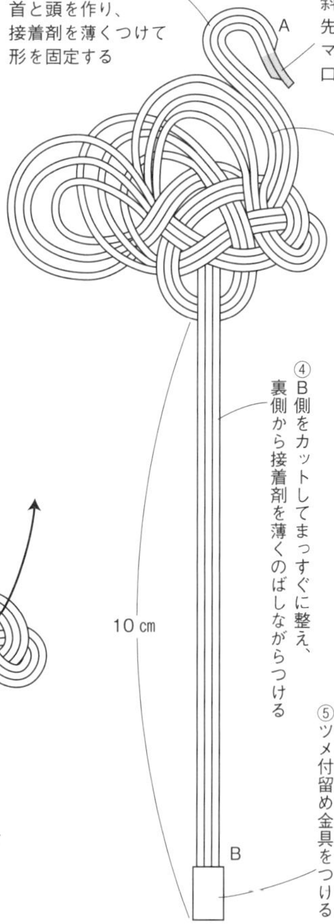

①A 側をカーブさせて
首と頭を作り、
接着剤を薄くつけて
形を固定する

②A 側の端を
斜めにカットし、
先端を黄色の
マジックで塗り
口ばしを作る

③羽の水引に首を接着剤で固定する

④B 側をカットしてまっすぐに整え、
裏側から接着剤を薄くのばしながらつける

⑤ツメ付留め金具をつける

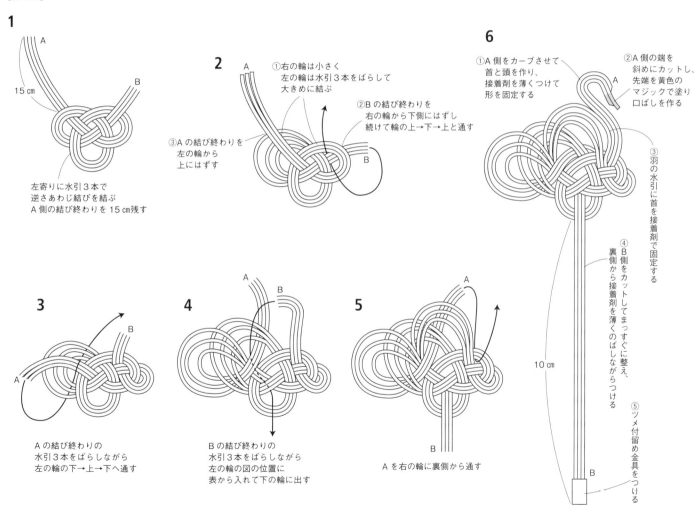

26 ▸ p.32

ブックマーカー
B ハート

【材料】

花水引（翡翠）――――――――――――45㎝×３本
ツメ付留め金具（3.5 × 7㎜・ゴールド）――――１個

【作り方のポイント】

◎「連続あわじ結び（横）」の結び方は p.49 を参照。
◎ツメ付留め金具のつけ方は p.48 を参照。

【作り方】

1

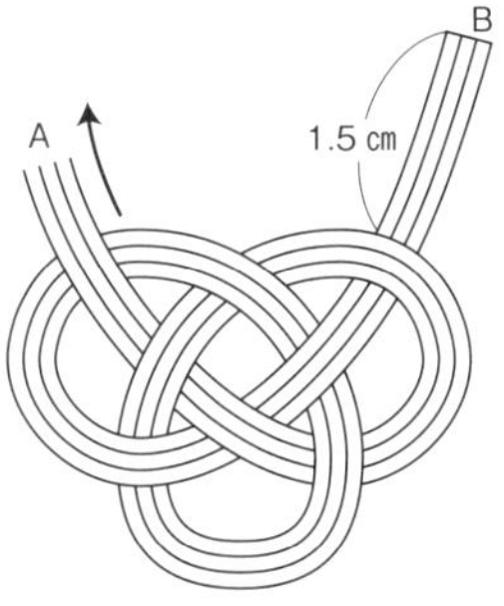

右側 1.5 ㎝程残して
水引３本であわじ結びを結ぶ

2

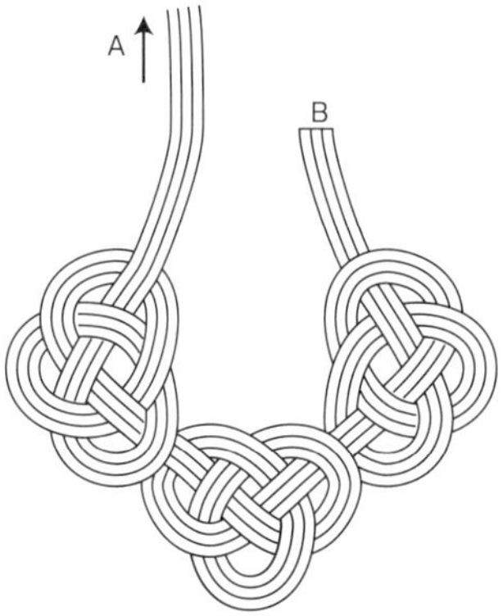

横方向に続けてあわじ結びを２回結ぶ
このときききつめに結ぶ

3

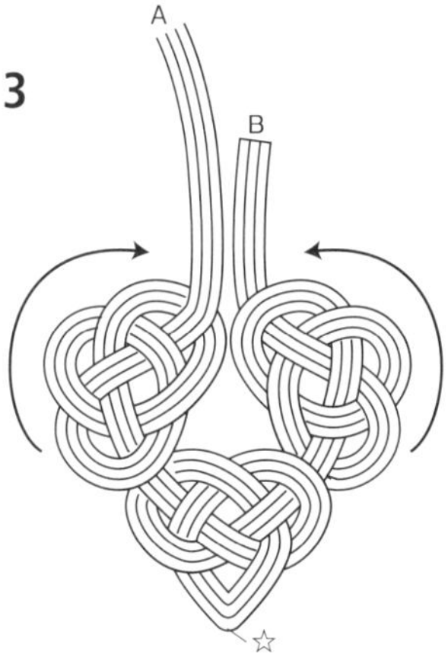

左右のあわじ結びを中心に寄せて
ハート形にする
中央のあわじ結びの
下の輪（☆）を尖らせる

4

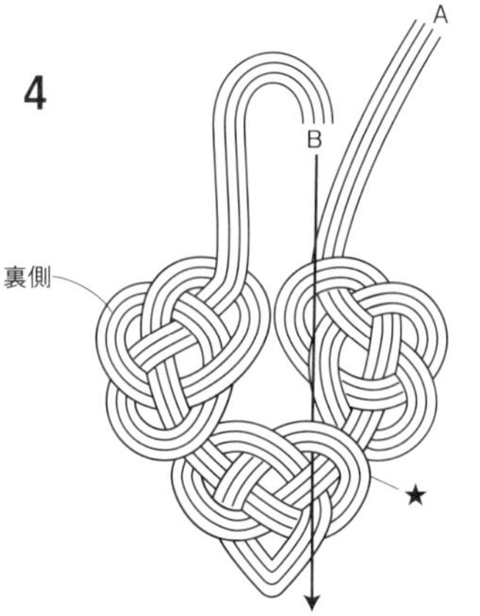

裏側に返して
B 側の端を中央のあわじ結びの
右の輪（★）に下から通す

5

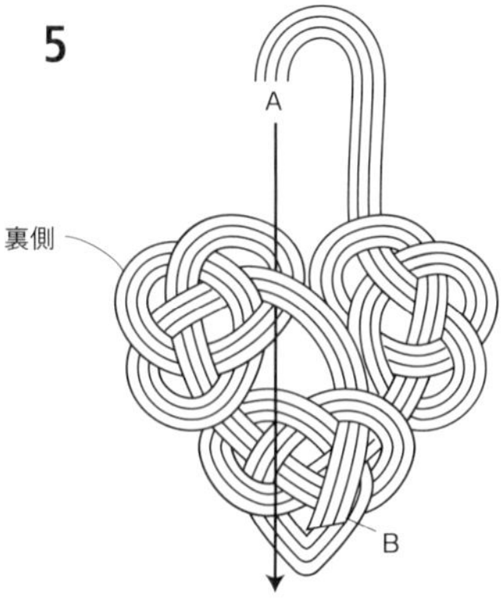

A 側の端を **4** で始末した
B 側の水引の下に通す

6

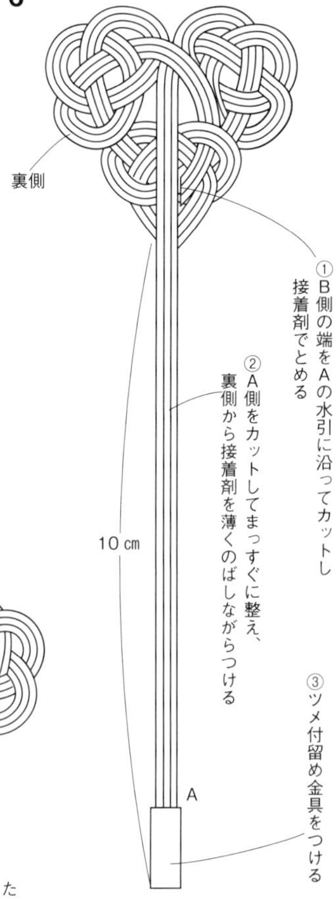

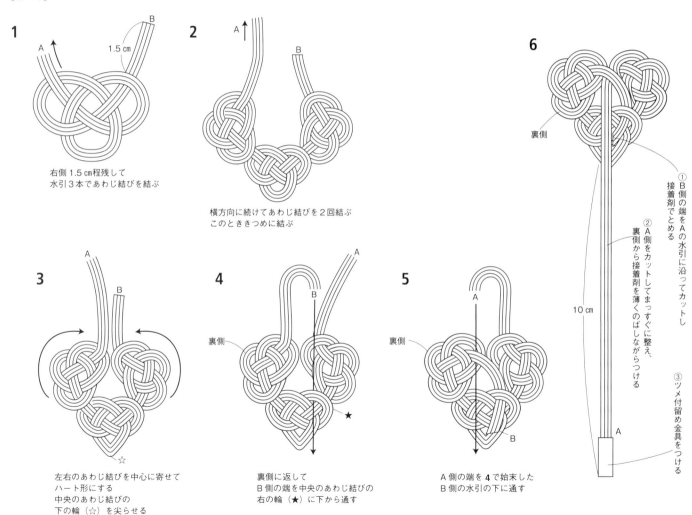

26 ▸p.32

ブックマーカー C うさぎ

【材料】

花水引（なでしこ）――60㎝× 3 本
花水引（瑠璃色）――10㎝× 1 本
ツメ付留め金具（3.5 × 7㎜・ゴールド）――1 個

【作り方のポイント】

◎「あわじ結び」の結び方は p.42 を参照。
◎ツメ付留め金具のつけ方は p.48 を参照。

【作り方】

1

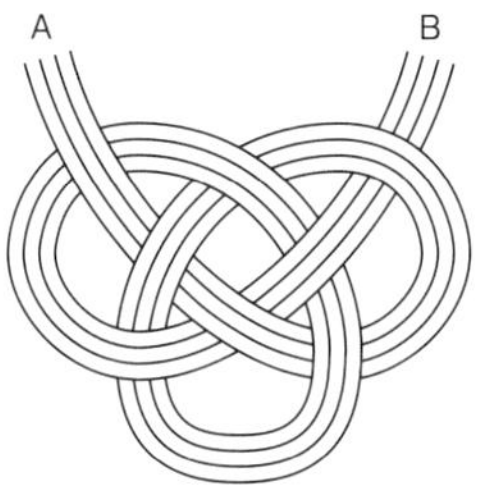
A
B

水引 3 本であわじ結びを結ぶ
※水引の中心より右寄りに結ぶ

2

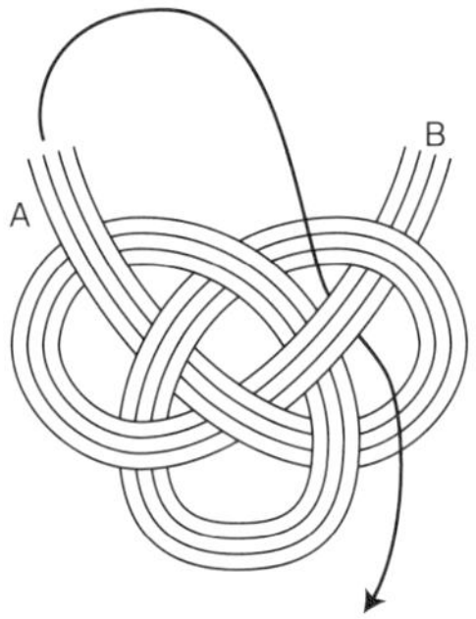
A
B

A 側を右の輪の上から
下→上へ通す

3

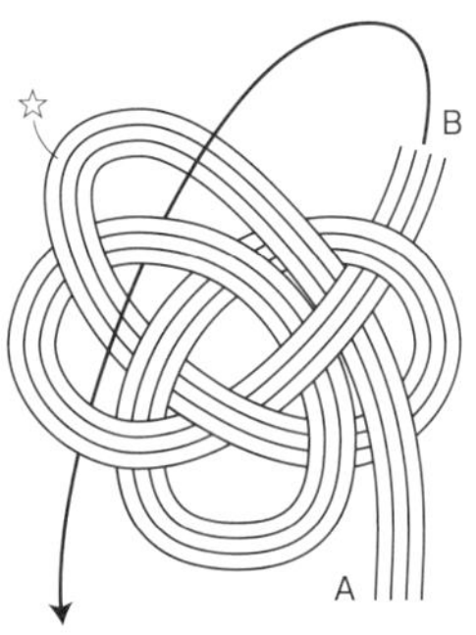
☆
B
A

B 側を **2** でできた輪（☆）の
上から下→上→下へ通す

4

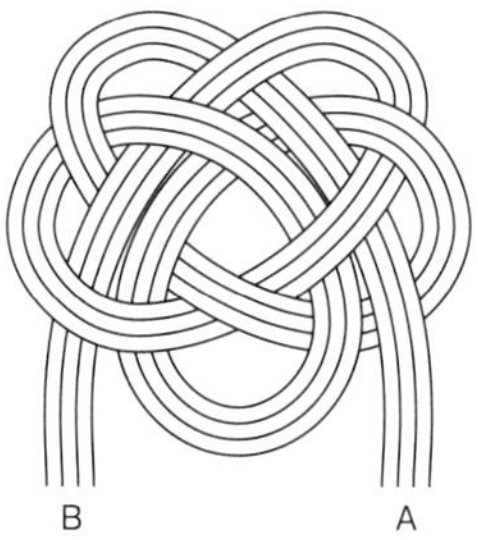
B
A

平梅結びになる

5

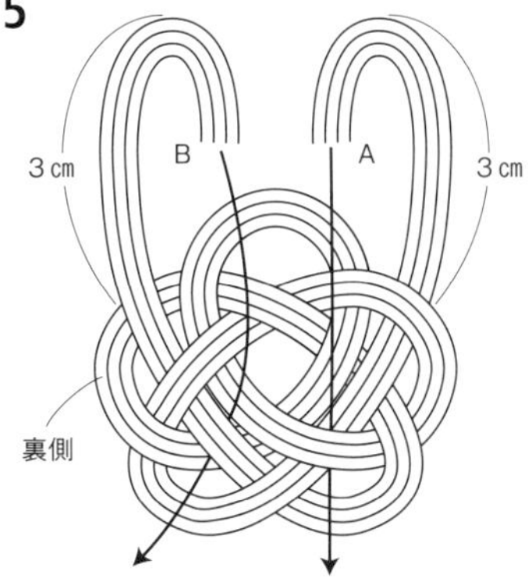
3㎝
B
A
3㎝
裏側

上下を返して裏返し、
A と B の両方で耳を作って
端を結び目に通す

6

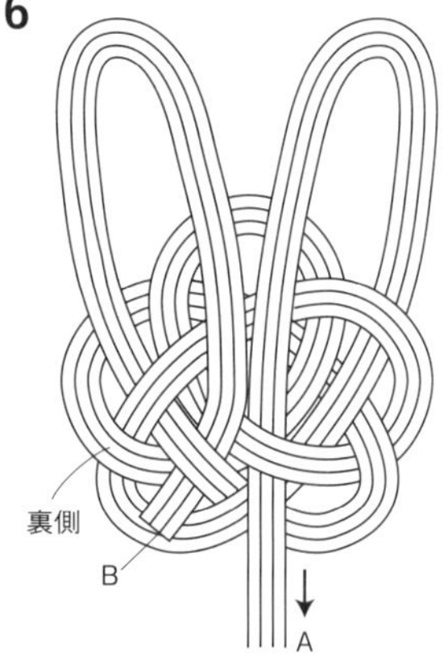
裏側
B
A

B の端をカットし、
接着剤でとめる

7

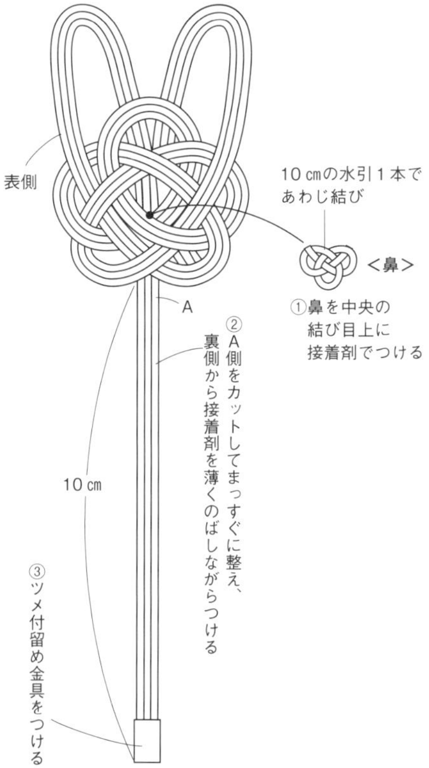
表側
10 ㎝の水引 1 本で
あわじ結び
＜鼻＞
①鼻を中央の
結び目上に
接着剤でつける
A
②A 側をカットしてまっすぐに整え、
裏側から接着剤を薄くのばしながらつける
10 ㎝
③ツメ付留め金具をつける

26 ▸p.32

ブックマーカー D フラミンゴ

【材料】

花水引（ぼたん）——————— 45㎝×３本
ツメ付留め金具（3.5 × 7㎜・ゴールド）———— 1個

【作り方のポイント】

◎「あわじ結び」の結び方は p.42 を参照。
◎ツメ付留め金具のつけ方は p.48 を参照。

【作り方】

1

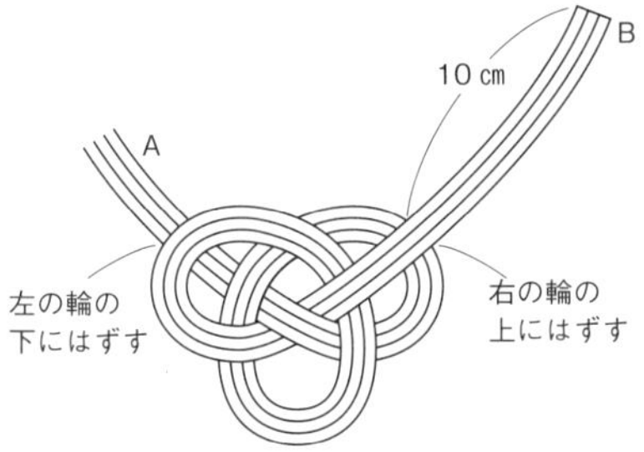

右側に 10㎝程残るように
水引３本であわじ結びを結ぶ
ＡとＢの結び終わりを輪からはずす

2

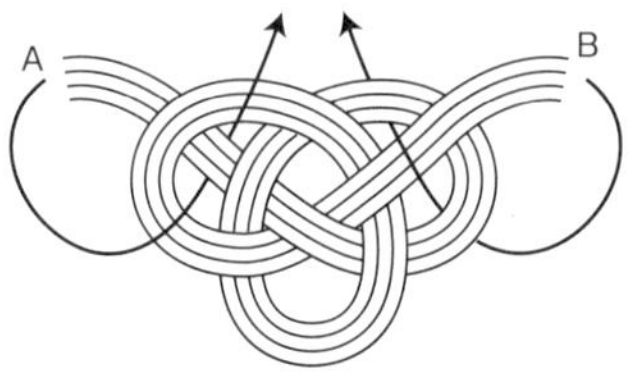

Ａ側を左の輪の上から下→上へ
Ｂ側を右の輪の下から上→下へと通す

3

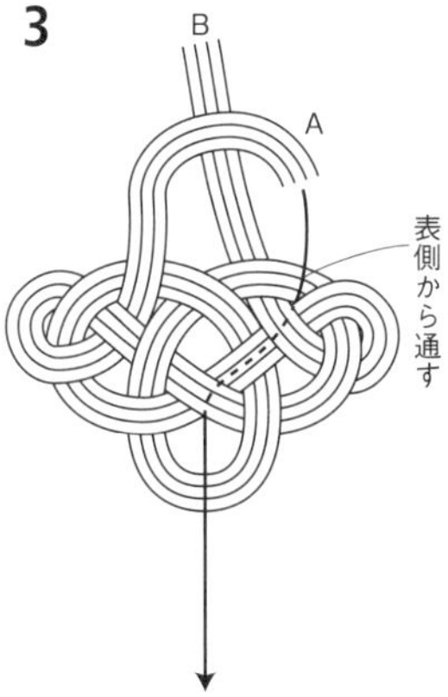

Ａ側を右の輪に表側から入れて
裏側を通し下の輪の上から出す

4

3で作ったＡの輪の
水引３本をばらし、
フラミンゴの羽を
イメージして広げる

5

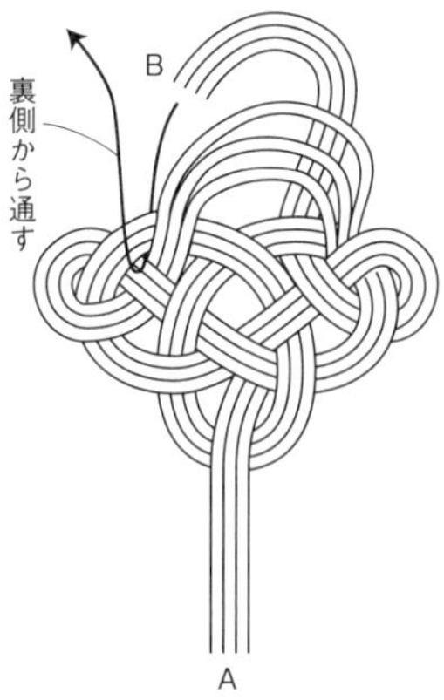

Ｂを左の輪に
裏側から通す

6

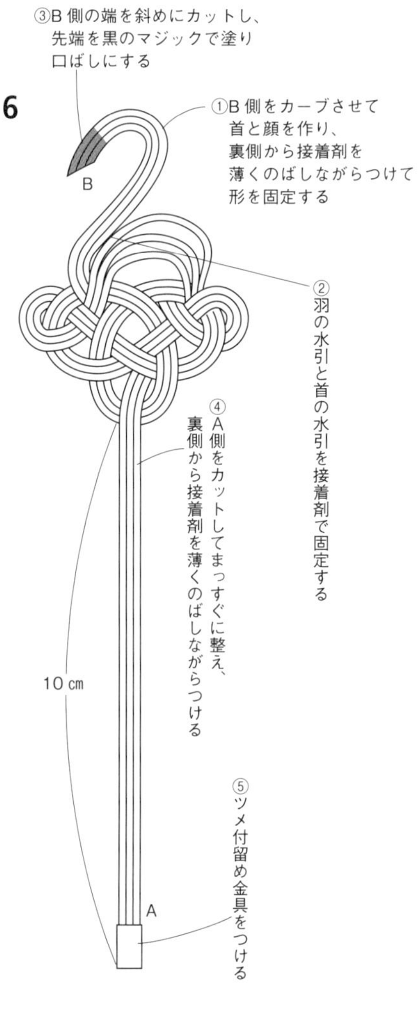

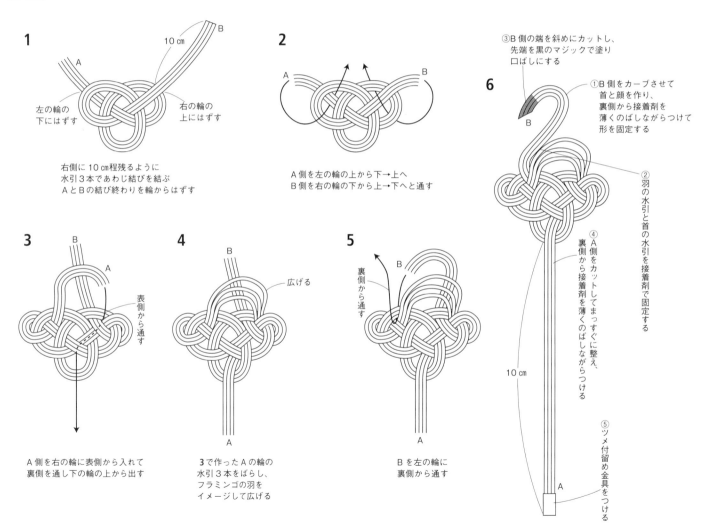

26 ▸ p.33

ブックマーカー
E 鶴

【材料】

花水引（白）―――――――――――――― 45cm× 3 本
花水引（紅色）――――――――――――― 10cm× 1 本
ツメ付留め金具（3.5 × 7mm・ゴールド）――― 1 個

【作り方のポイント】

◎「あわじ結び」の結び方は p.42 を参照。
◎ツメ付留め金具のつけ方は p.48 を参照。

【作り方】

1

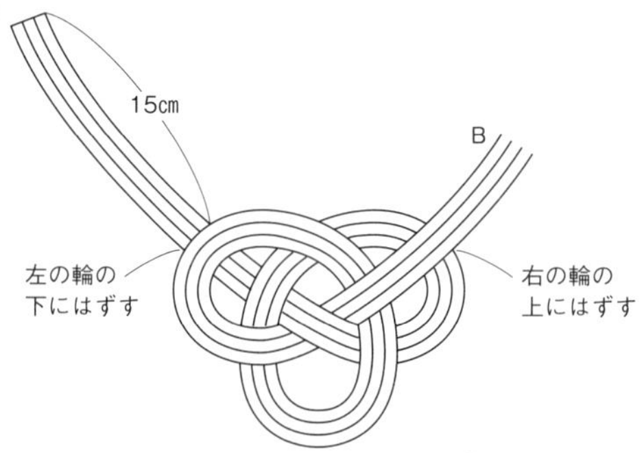

左側に 15 cm残るように
左寄りに水引 3 本であわじ結びを結ぶ
A と B の結び終わりをそれぞれ輪からはずす

2

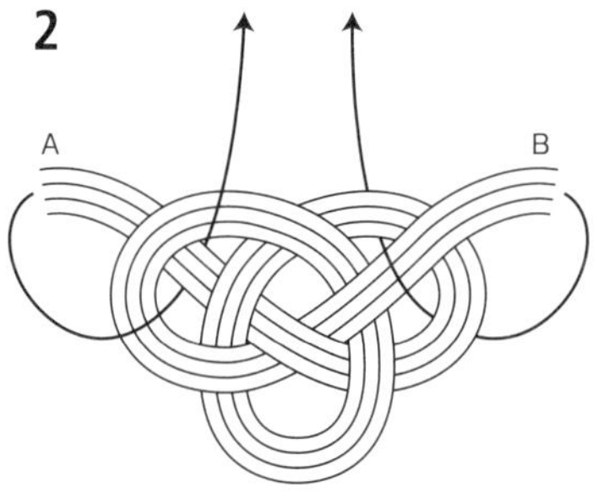

A 側を左の輪の上から下→上へ
B 側を右の輪の下から上→下へと通す

3

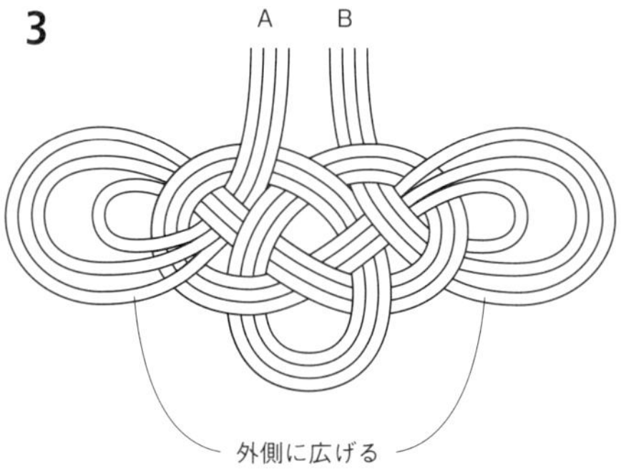

4

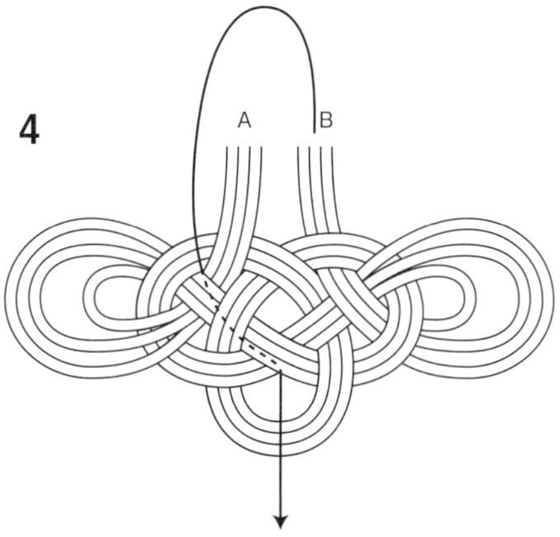

B側を左の輪に表側から入れて
裏側を通し、下の輪の上から出す

5

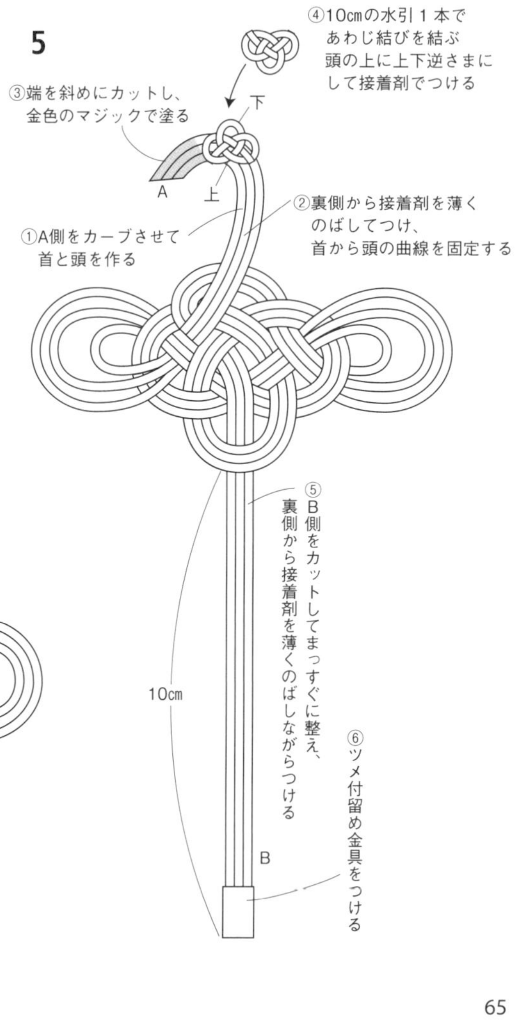

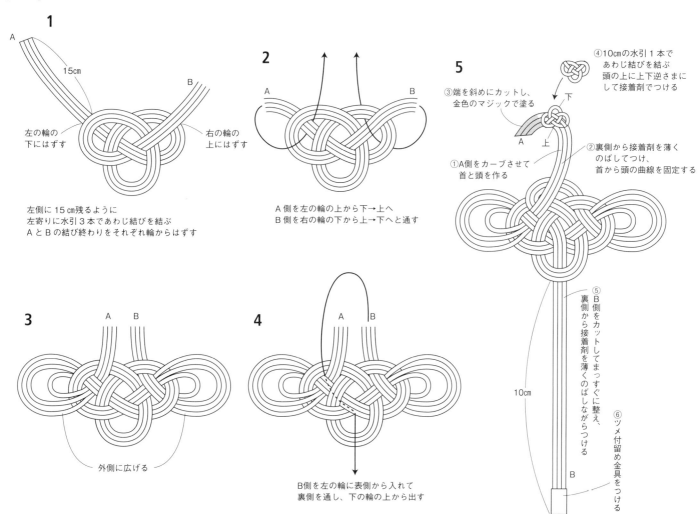

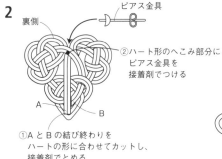

23 24 25 ▸ p.31

ハートのピアス
うさぎのブローチ
フラミンゴのピンズ

【材料】

◎ハートのピアス
花水引（紅色）―――― 45㎝× 4 本
ピアス金具（芯立・ゴールド）―――― 1 組
◎うさぎのブローチ
花水引（なでしこ）―――― 45㎝× 3 本
花水引（瑠璃色）―――― 10㎝× 1 本
ブローチ金具（ウラピン No.101・ゴールド）―― 1 組

◎フラミンゴのピンズ
花水引（ぼたん）―――― 45㎝× 2 本
タイタック丸皿付針（ゴールド）―――― 1 個
タイタックキャッチ（ゴールド）―――― 1 個

【作り方のポイント】

◎「ハート」の結び方は p.62、「うさぎ」の結び方は p.63、「フラミンゴ」の結び方は p.64 を参照。

【作り方】

【ハートのピアス】

1

表側

水引２本であわじ結びを
横に続けて３回結び、
ハートを結ぶ

2

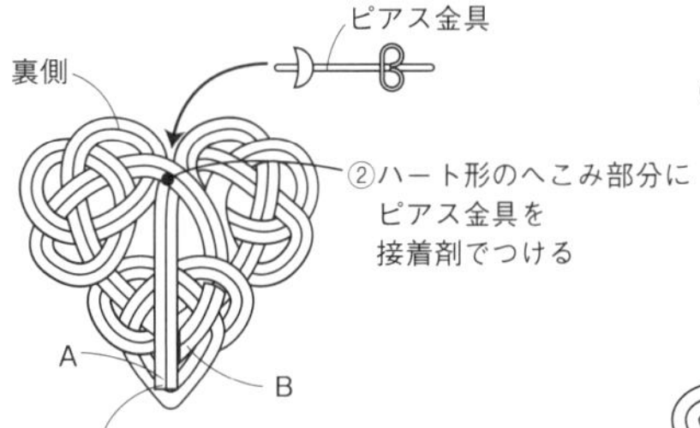
ピアス金具
裏側
②ハート形のへこみ部分に
ピアス金具を
接着剤でつける
A
B

①A と B の結び終わりを
ハートの形に合わせてカットし、
接着剤でとめる

【フラミンゴのピンズ】

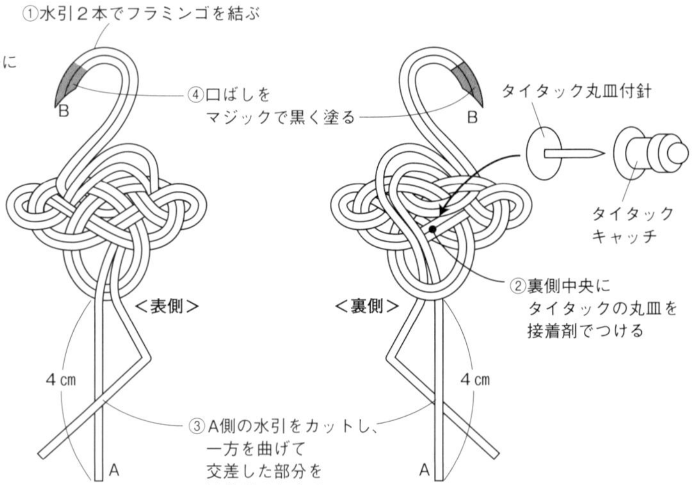
①水引２本でフラミンゴを結ぶ
B
④口ばしを
マジックで黒く塗る
B
タイタック丸皿付針
タイタック
キャッチ
<表側>
<裏側>
②裏側中央に
タイタックの丸皿を
接着剤でつける
4㎝
4㎝
③A側の水引をカットし、
一方を曲げて
交差した部分を
接着剤でとめる
A
A

【うさぎのブローチ】

1

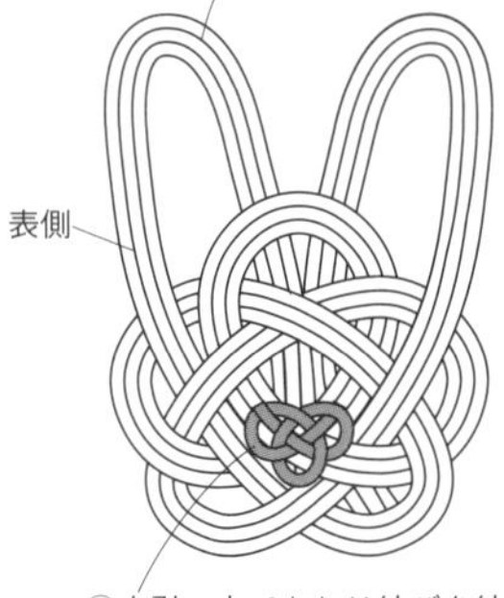
①水引３本でうさぎを結ぶ
表側
②水引１本であわじ結びを結び、
接着剤で中央につける

2

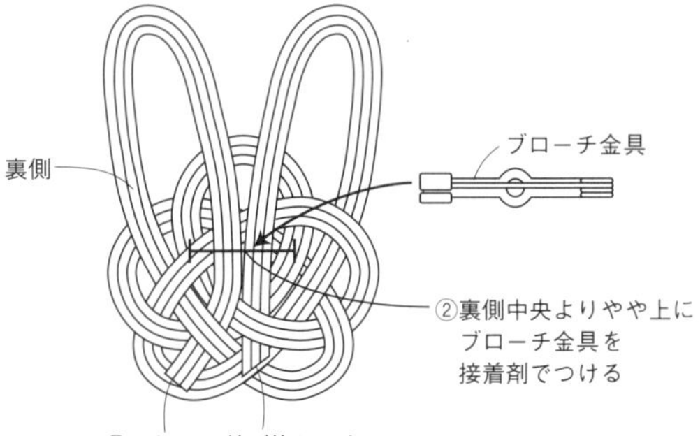
裏側
ブローチ金具
②裏側中央よりやや上に
ブローチ金具を
接着剤でつける

①A と B の結び終わりを
裏側の結び目に通す
余分をカットし、接着剤でとめる

29 ▸p.36

ぽち袋
〈袋の作り方〉

【材料】

クラフト紙（薄手）――――― 14㎝× 14㎝
色紙 ――――― 10㎝× 1㎝
マスキングテープ各種 ――――― 適宜

【作り方のポイント】

◎クラフト紙、色紙、マスキングテープは好みの色柄を選ぶ。

【袋の展開図】

※ 部分はのりしろ
※図中の数字の単位は㎝

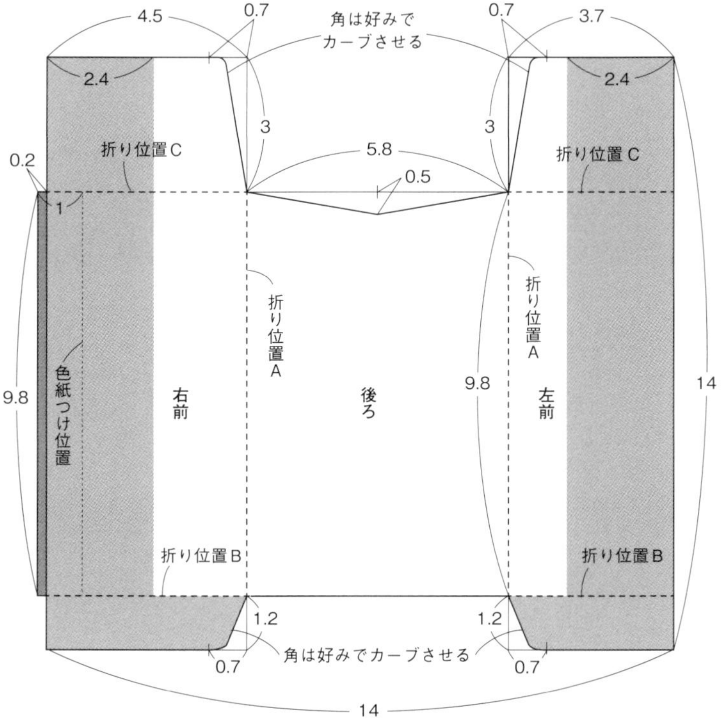

【作り方】

1

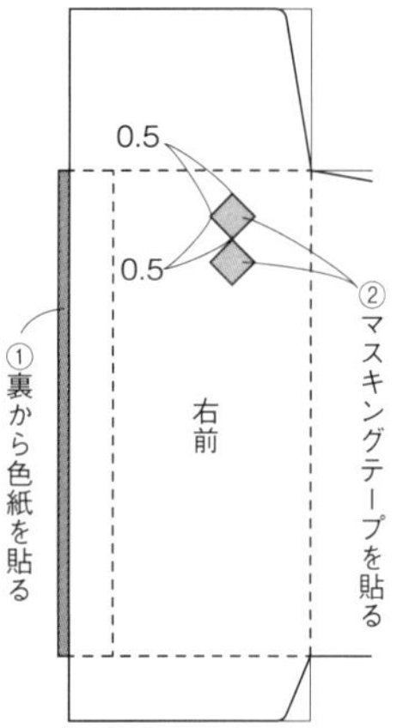

右前に色紙（9.3×1㎝）と0.5 ㎝の正方形にカットしたマスキングテープを貼る

2

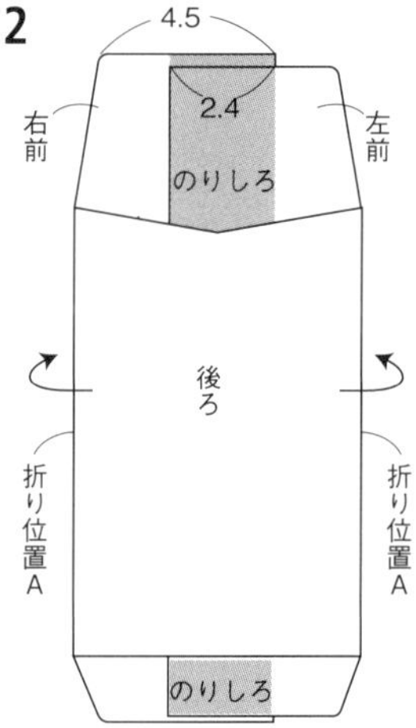

折り位置Ａで折り、のりしろを重ねて貼る

3

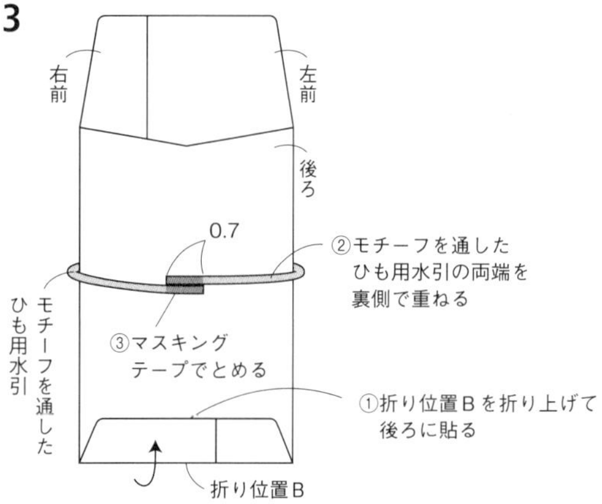

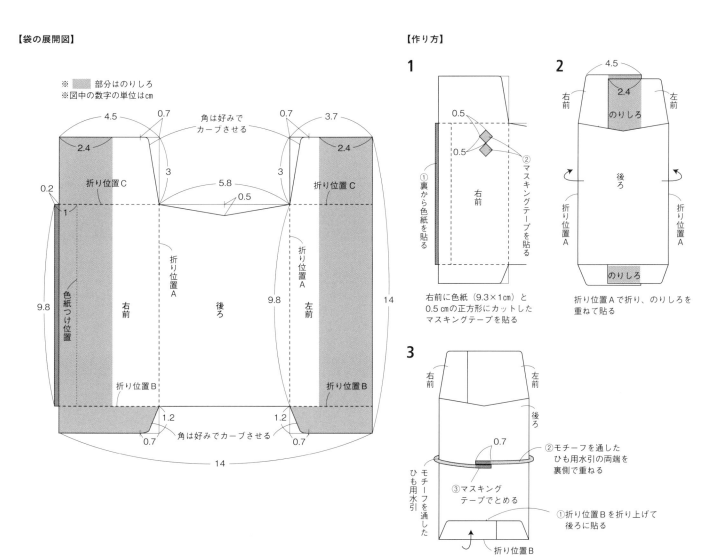

ぽち袋〈モチーフの作り方〉
A富士山／B鶴／Cハート

【材料】

◎A富士山
花水引（翡翠）――――― 45㎝×3本
花水引（白）――――― 10㎝×2本
ひも用水引（花水引・翡翠）――――― 15㎝×1本
◎B鶴
花水引（白）――――― 30㎝×3本
花水引（紅色）――――― 10㎝×1本
ひも用水引（花水引・白）――――― 15㎝×1本
◎C.ハート
花水引（なでしこ）――――― 45㎝×3本
ひも用水引（花水引・なでしこ）――――― 15㎝×1本

【作り方のポイント】

◎「あわじ結び」の結び方はp.42、「松結び」、「抱きあわじ結び」の結び方はp.50、「ハート」の結び方はp.62、「鶴」の結び方はp.65を参照。

【作り方】

【A富士山】

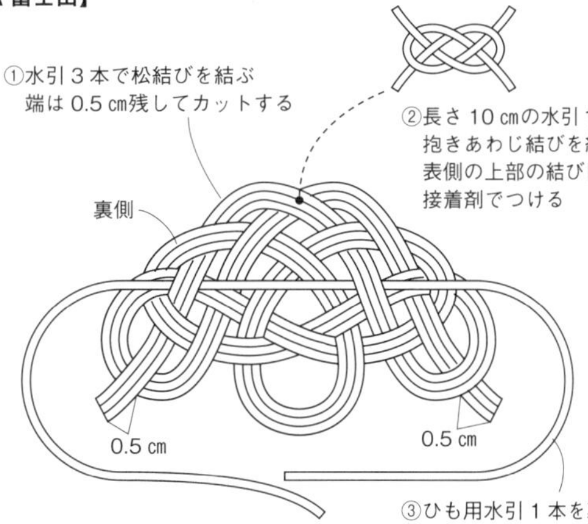

【Cハート】

【B鶴】

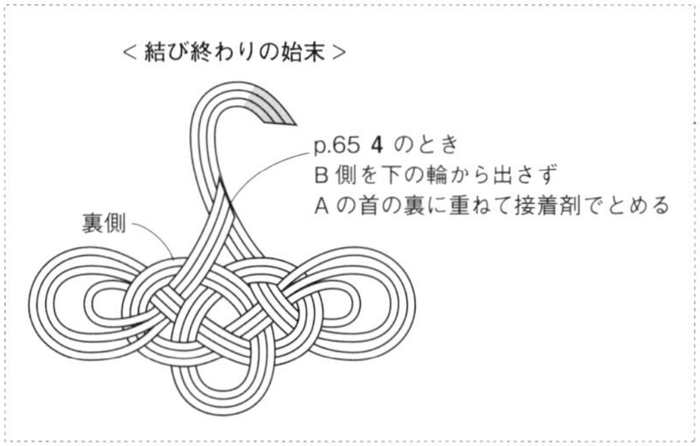

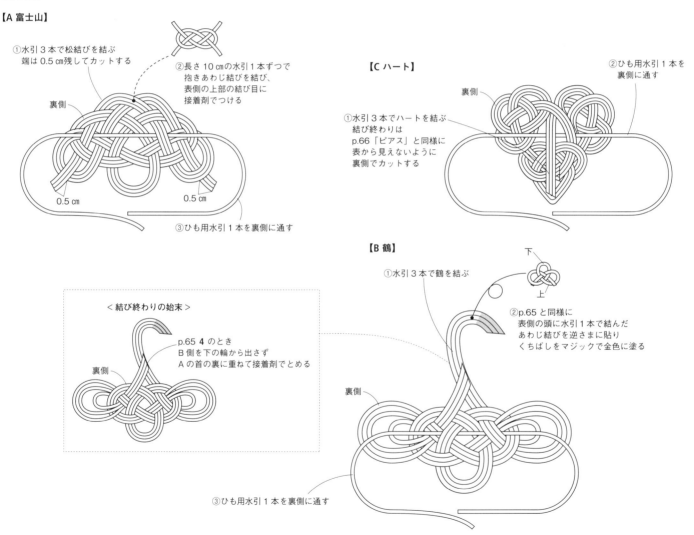

29 ▸p.36

ぽち袋〈モチーフの作り方〉
D 玉結び／E 抱きあわじ／F スワン／G フラミンゴ

【材料】

◎D 玉結び
花水引（紅赤）———— 60㎝× 1 本
◎E 抱きあわじ
花水引（若草）———— 15㎝× 3 本
花水引（翡翠）———— 15㎝× 3 本
ひも用水引（花水引・瑠璃色）———— 15㎝× 1 本
◎F スワン
花水引（白）———— 30㎝× 3 本
ひも用水引（花水引・白）———— 15㎝× 1 本
◎G フラミンゴ
花水引（ぼたん）———— 30㎝× 3 本
ひも用水引（花水引・ぼたん）———— 15㎝× 1 本

【作り方のポイント】

◎「玉結び」の結び方は p.44、「抱きあわじ結び」の結び方は p.50、「スワン」の結び方は p.61、「フラミンゴ」の結び方は p.64 を参照。

【作り方】

【D 玉結び】

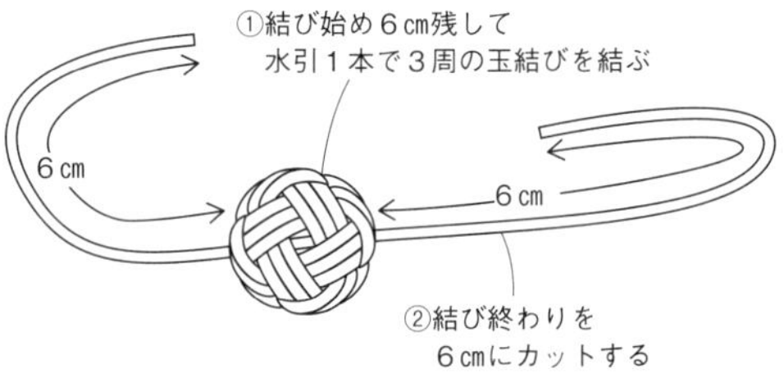

【E 抱きあわじ】

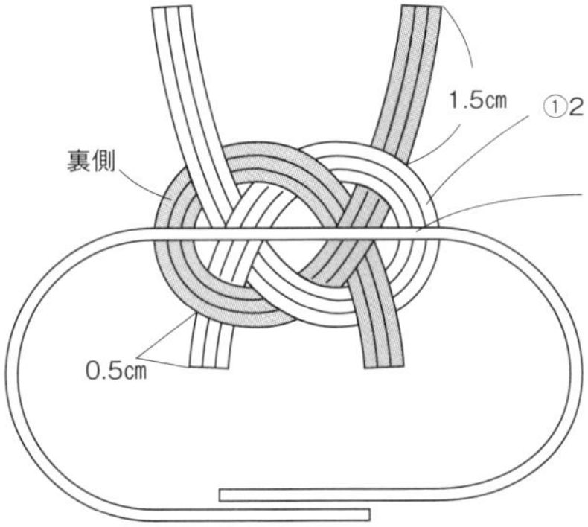

【G フラミンゴ】

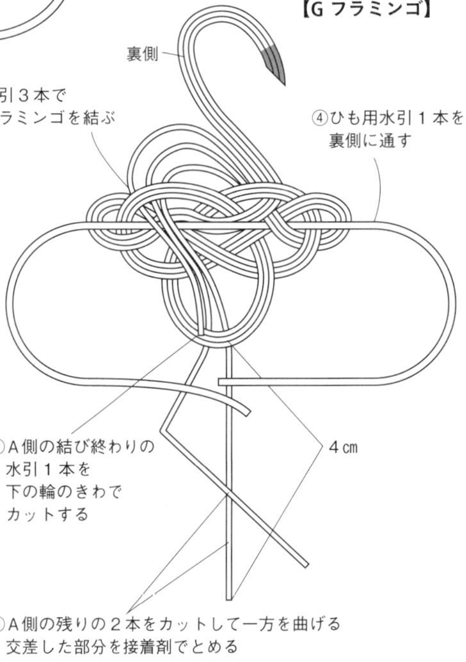

【F スワン】

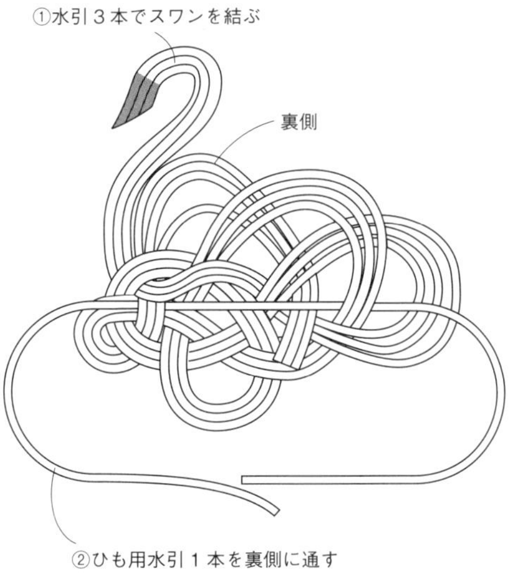

＜結び終わりの始末＞

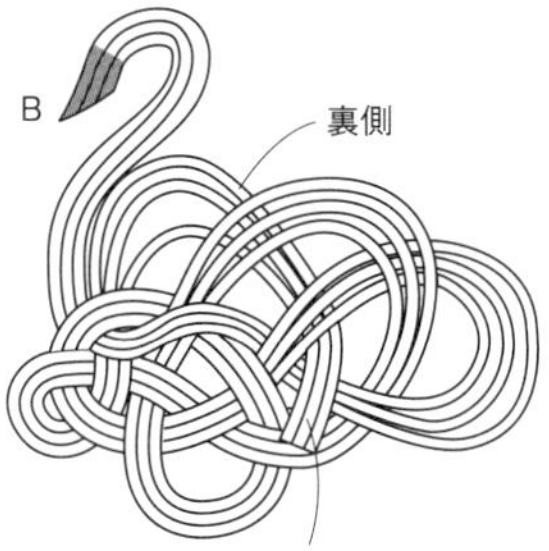

p.61 **4** で B 側の端を
左の輪に通した後、
表から見えない位置でカットし
接着剤でとめる

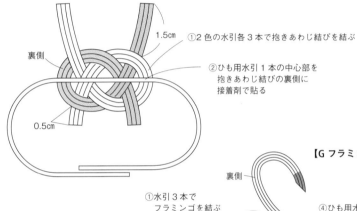

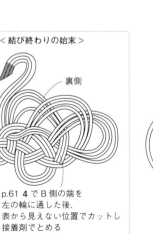

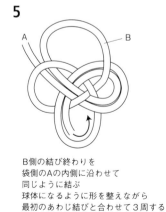

27 ▸p.34

玉結びのペーパーバッグ

【材料】（1点分）

花水引（若草、または瑠璃色、紅色）―― 90㎝×1本
市販のペーパーバッグ ―――― 17㎝×11㎝×6㎝

【作り方のポイント】

◎「玉結び」の結び方はp.44、「逆さあわじ結び」の結び方はp.49を参照。

【作り方】

1

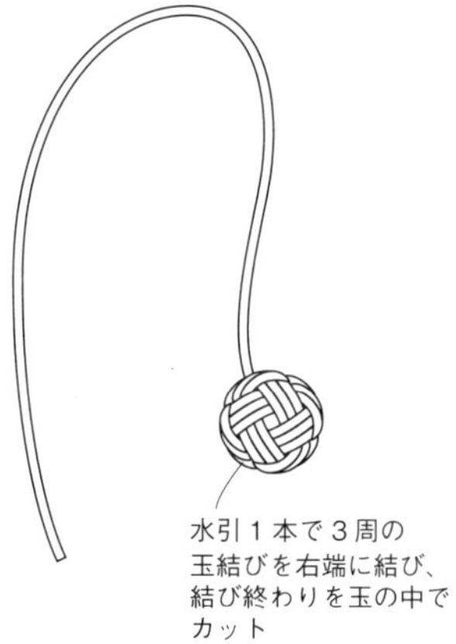
水引1本で3周の
玉結びを右端に結び、
結び終わりを玉の中で
カット

2

①紙袋の口を
3㎝内側に折り込む
②持ち手を通す穴を
目打ちであける
市販の紙袋

3

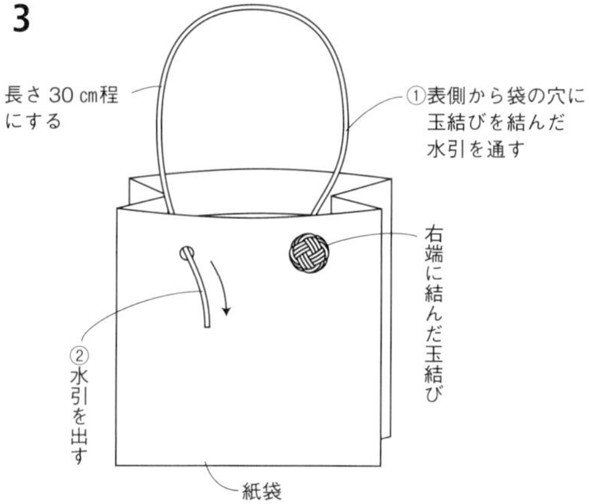
長さ30㎝程
にする
①表側から袋の穴に
玉結びを結んだ
水引を通す
右端に結んだ玉結び
②水引を出す
紙袋

4

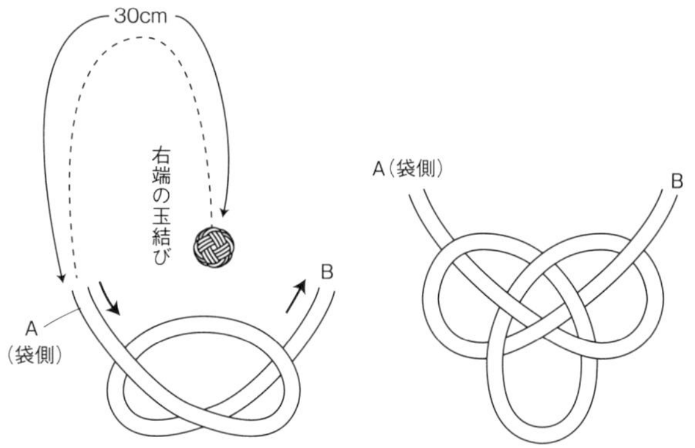
30cm
右端の玉結び
A
（袋側）
B
A（袋側）
B

逆さまのあわじ結びを結ぶ

5

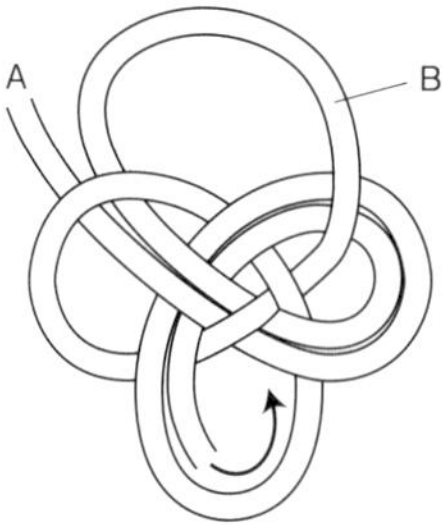
A
B

B側の結び終わりを
袋側のAの内側に沿わせて
同じように結ぶ
球体になるように形を整えながら
最初のあわじ結びと合わせて3周する

6

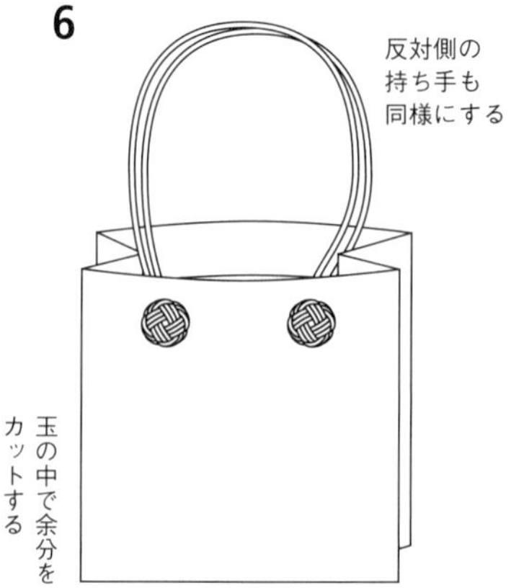
反対側の
持ち手も
同様にする
玉の中で余分を
カットする

28 ▸ p.35

メッセージカード A 松／B 鶴／C 梅

【材料】

◎A. 松
水引（グリーン）―――― 45cm× 3 本
◎B. 鶴
花水引（白）―――― 30cm× 3 本
花水引（紅色）―――― 10cm× 1 本
◎C. 梅
花水引（ぼたん）―――― 30cm× 3 本

◎メッセージカード
クラフト紙（厚手）―――― 15cm× 10cm
トレーシングペーパー（色物）―――― 15cm× 10cm
プラチナ水引（モルト）―――― 20cm× 1 本
色紙―――― 適宜

【作り方のポイント】

◎「梅結び」の結び方は p.45、「松結び」の結び方は p.50、「鶴」の結び方は p.65 を参照。
◎クラフト紙、トレーシングペーパー、色紙は好みの色柄を選ぶ。

【作り方】

1

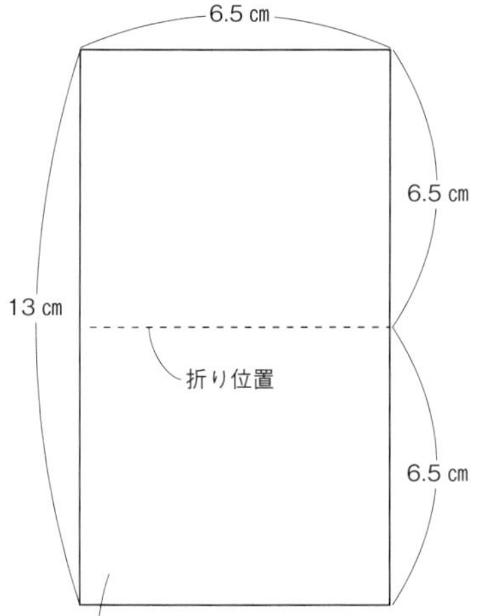

厚手クラフト紙と
トレーシングペーパー（色物）を
それぞれカットし、半分に折る

2

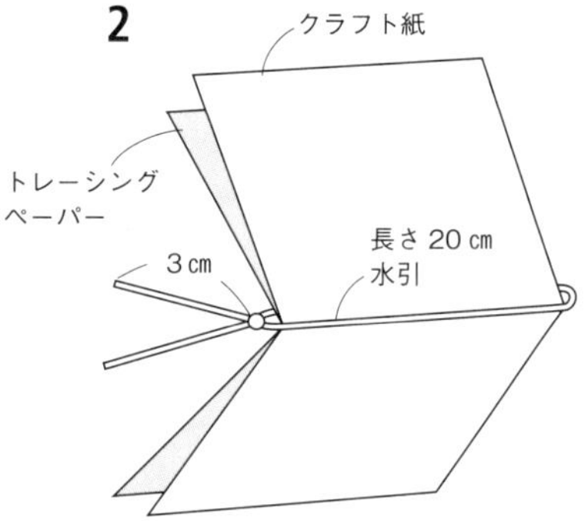

クラフト紙の内側に
トレーシングペーパーを
折り位置を合わせて重ね
水引 1 本でまとめる

3

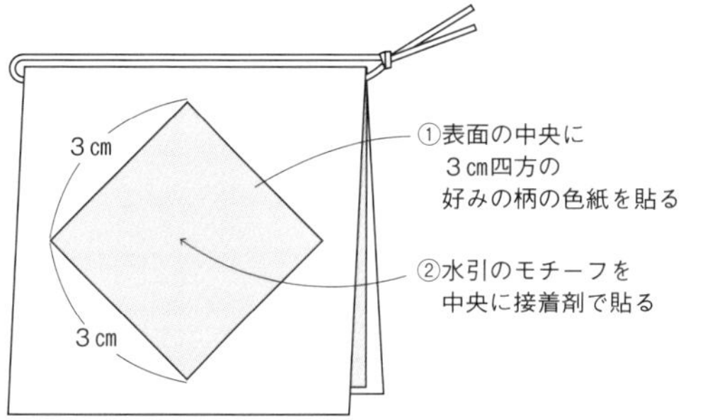

【B 鶴】

水引 3 本で鶴を結び、中央に貼る

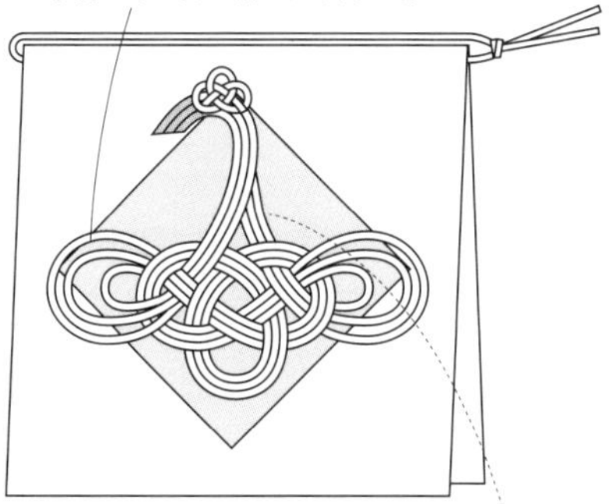

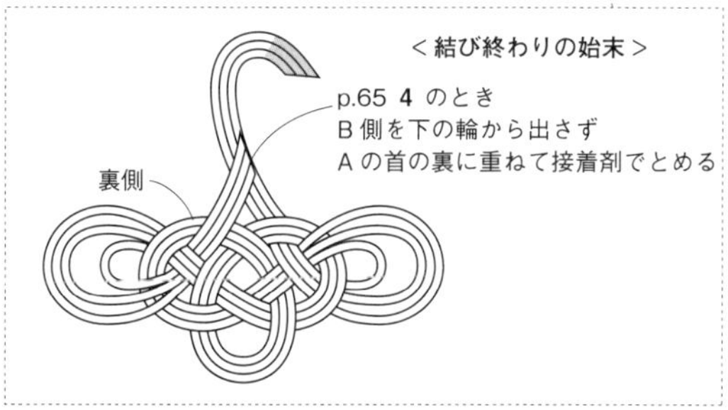

【A 松】

3-①のとき、好みの色紙 2 種を重ねて貼る

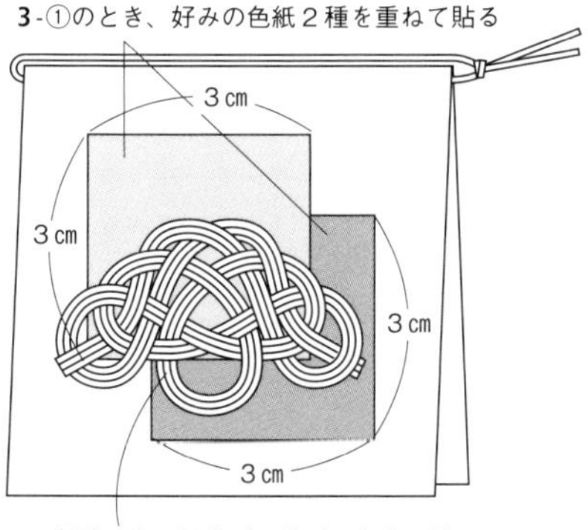

水引 3 本で松結びを結び、中央に貼る

【C 梅】

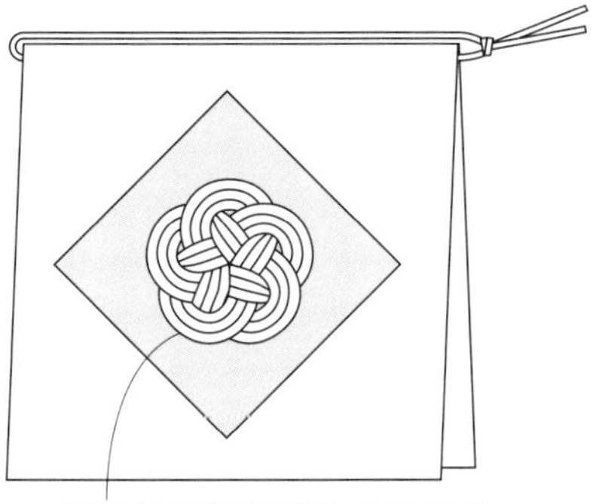

水引 3 本で梅結びを結び、中央に貼る

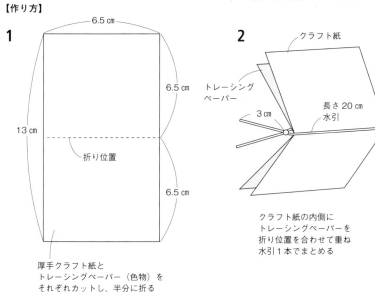

profile

菊田奈々 Kikuta Nana
結び屋虹園

桑沢デザイン研究所のプロダクトデザインコースを卒業後、グラフィックデザイナー、オリジナルＴシャツのデザイン・制作、フォトレタッチャーなど、幅広く活躍。さまざまな制作現場でデジタル技術を習得する一方で、生まれ育った鎌倉の古き良き伝統を見つめ直し、結び屋虹園を始める。現在は展示会やイベントへの出展にも力を注ぎ、ニューヨークやパリの海外イベントでも高い評価を得ている。なおオンラインショップや委託販売も行なっている。

web：http://couen.net
blog：https://ameblo.jp/furukiyoki-couen
Instagram：nana.kikuta

水引でつくるアクセサリーと小物

2017年12月17日　第1刷発行
2021年 1 月 8 日　第2刷発行
著　者　菊田奈々
発行者　濱田勝宏
発行所　学校法人文化学園　文化出版局
〒151-8524
東京都渋谷区代々木3-22-1
tel.03-3299-2401（編集）
tel.03-3299-2540（営業）
印刷・製本所　株式会社文化カラー印刷

文化出版局のホームページ　http://books.bunka.ac.jp/

この本に関する問い合わせ先
tel.03-5830-4843（スタジオダンク）受付時間／月曜日～金曜日の10：00～19：00

staff

撮影	寺岡みゆき（カバー、p.1～37）
	奥村暢欣（p.38～48）
スタイリング	露木 藍
製図	原山 恵
校正	みね工房
企画・デザイン	山田素子（スタジオダンク）
編集	鞍田恵子、爲季法子
	平山伸子（文化出版局）

水引が買えるお店

Web Shop 南信州産直通販水引「そうきち」
http://www.mizuhiki1.com/

水引そうきち　検索

アクセサリーパーツが買えるお店

株式会社貴和製作所
03-3863-5111（浅草橋本店）
03-3865-8521（浅草橋支店）
http://www.kiwaseisakujo.jp/

※本書に掲載しているパーツ類は店舗により取扱いの無い商品があります。また、余儀なく商品が終了する場合もございますので、予めご了承ください。

撮影協力

UTUWA　TEL. 03-6447-0070